2小時讀懂明治維新

呂理州——著

MEIJI
RESTORATION

【第二篇・建設新國家】

增訂版序

我的舊作《明治維新》已經絕版多年了，造成許多想閱讀此書的讀者很大的不便。其後，中國的「海南出版社」首先為我出版了簡體版的《明治維新》；去年，中國的另一家「浙江文藝出版社」又再次為我出版另一版本的簡體版《明治維新》。雖然因而嘉惠了中國的讀者，但是台灣地區仍處於絕版狀態。

現在遠足文化熱心為我出版《明治維新》增訂版，真是讓我喜出望外。我必須感謝遠足文化以及大力促成此事的編輯賴虹伶小姐。

關於日本的明治維新，我後來對福澤諭吉（一八三五—一九〇一）的看法，有些改變。我原先認為福澤諭吉是近代日本的啟蒙大師，對他持非常正面的評價，但是後來仔細思考：福澤諭吉後來提倡日本應該「脫亞入歐」，也就是不要和中國與韓國這種野蠻落後的亞洲國家為伍，而要與西方列強站在一起，西方列強如何對待中國與韓國，日本就應該怎麼對待中國與韓國——這是赤裸裸地主張日本應該與西方列強一起侵略中國與韓國。日本後來會併吞韓國、侵略中國，造成成千上萬的人死亡，最後日本自己還挨了兩顆原子彈，福澤諭吉要負很大的責任！

近代中國人當中，第一個注意到日本明治維新重要性的人物是康有為（一八五八—一九二七）。康有為於一八九八年進呈《日本變政考》給光緒皇帝，說服光緒皇帝，進行變法維新。可惜後來慈禧太后與守舊派的堅決反對，發動戊戌政變，變法維新派被殺的被殺，亡命海外的亡命海外。中國的「光緒維新」因而成為泡影。從此，日本與中國走上截然不同的兩條路，日本是越來越富強，但卻如福澤諭吉所提倡，採取「脫亞入歐」政策，蔑視中國與韓國，並開始向外擴張侵略；中國仍舊原地踏步、積弱不振、受盡列強、包括新興日本的欺凌、不斷割地賠款，直到幾乎亡國，才有孫文的革命，推翻滿清。

呂理州筆

二〇一六年九月二十一日

【第一篇】

開國與攘夷

第一章

黑船驚醒太平夢

經過一八五三年培里艦隊來航的衝擊之後，
幕府才發覺原來日本的國防是那麼脆弱，
眼睜睜看著外國艦隊耀武揚威，
最後只得忍氣吞聲地簽下開國條約。

黑船來航

對清朝第九任皇帝咸豐來說，一八五三年可真是個膽戰心驚的一年。這年二月，太平天國的軍隊攻陷南京，殘殺了城內二萬多名滿族旗兵後，又揮兵北上，逼臨天津，大有直搗北京城，將咸豐拉下皇帝寶座之勢。

巧的是，對彼岸日本的統治者來說，一八五三年也是膽戰心驚的一年。與清朝不同的是，清朝的威脅來自內憂，日本的威脅則是來自外患——美國。

這年的七月八日下午五點，江戶灣（東京灣）灣口突然出現了四艘來自美國的巨大軍艦——二四五〇噸的薩斯喀那號、一六九二噸的密西西比號、九八九噸的普里茅斯號以及八八二噸的薩拉托加號。

這四艘巨艦全身塗著漆黑（日本人因而稱其為「黑船」），有說不出的詭異。艦上總共備有六十三門威力十足的大砲，砲口一律朝向陸地——也就是日本。顯然，來者不善。

在江戶灣捕魚的日本漁船看見這四艘龐然怪物，嚇得紛紛走避。當時日本哪有這麼大的船隻？頂多是一百多噸的運輸船罷了。換言之，是薩斯喀那號的二十分之一。而且，日本的船都是木造的帆船，必須靠風力或人力行駛，而眼前的四艘「黑船」不但船身包著鐵皮，其中的薩斯喀那號與密西西比號根本不必靠風力就可航行，它們是蒸汽船。

無論就船隻的大小、航速的快慢或火力的有無，日本的船隻都不是「黑船」的對手——就算把全日本的船隻都喚來。

船隻既然遠遠比不上人家，萬一起了衝突，就只有靠設在岸邊的海防砲。然而，當時日本在江戶灣沿岸架設的海防砲中，射程、火力勉強能與「黑船」相提並論的只有二十門左右。對方有六十三門，這邊卻只有二十門，三比一，雙方優劣態勢一清二楚，不需開戰就能預料結果如何了。

無論如何，先弄清楚對方的來意再說。當時，日本負責檢查江戶灣出入船隻的衙門是浦賀奉行所。浦賀奉行所的最高行政長官是兩名「奉行」（其中一名住在江戶城），其次是兩名「組頭」，再下來是二十名「與力」，然後是一百名「同心」。

浦賀奉行所接到四艘黑船航抵江戶灣口的急報後，趕緊由「與力」中島三郎帶著通曉荷蘭語的翻譯官堀達之助乘船前往了解狀況。一行人來到薩斯喀那號船邊，堀達之助仰頭大喊：

「I can speak Dutch」（我會說荷蘭語！）

薩斯喀那號上的一名荷蘭語翻譯員波特曼靠著甲板欄杆，以荷蘭語喊道：

「本艦隊司令官培里有令，除了貴部門的最高行政長官之外，不見任何人。」

「貴部門的最高行政長官」應該是指浦賀奉行所的奉行。中島三郎情急之下，撒了一個謊，他說（當然是透過翻譯）：

「我是這裡（浦賀）的副長官（組頭）。」

「為什麼正長官（奉行）不來呢？」

「根據敝國的法令，正長官不得登上外國船艦。請讓我上船弄清楚貴艦隊的來意，好回報敝國政府。」

一會兒，艦上的人對中島三郎與堀達之助招招手，答應讓他們上艦。兩人上艦後立刻發覺艦上的森嚴氣氛非比尋常，有的官兵持劍荷槍，有的官兵佇立在大砲旁，一個個表情肅穆，儼然一副隨時準備開戰的架勢。

這都是美國東印度艦隊總司令培里（Matthew Calbraith Perry，一七九四—一八五八）處心積慮設計好的畫面。他要給日方代表一個下馬威，讓他們喪失抵抗的意志，以達成此行的目的。此刻，他正躲在指揮官室，注意事態的進展。他不願意露面，因為對方既派出下駟（副長官），這邊豈能以上駟應對？姿態必須盡量抬高，這樣才能得到日方的敬畏。他啟航前在美國搜羅了數十種介紹日本的書籍，下了一番功夫研究日本，不知是否因此掌握了日本人敬畏強者的民族心理？

日方接受國書

美方出面與中島三郎交涉的是肯迪上校。

中島三郎：

「請問貴艦隊前來敝國有何目的？」

肯迪：

「本艦隊總司令培里受美國總統之令，為訪日親善使節，攜帶美國總統親筆國書一封，要呈遞給貴國皇帝（將軍），請將此事轉述貴長官。」

中島三郎：

「按照敝國法令，長崎為唯一對外交涉場所，請貴艦隊轉航長崎交涉。」

肯迪搖搖頭道：

「不，培里總司令已決定在此地交涉，沒有轉圜的餘地。」

中島三郎：

「如果敝長官（浦賀奉行）不願意接受貴國總統的國書呢？」

肯迪突然板起臉孔，嚴肅地說：

「那麼培里總司令必然繼續率艦直抵江戶門口，要求貴國政府接受國書，屆時若再不答應，便只好動武以雪此恥辱！」

中島三郎眼見對方殺氣騰騰，知道已沒什麼討價還價的空間，便很識趣地告退，返回陸地，向浦賀奉行戶田氏榮報告交涉的經過。

戶田氏榮是負責江戶灣口安危的最高行政長官，他早在接獲黑船兵臨江戶灣口的消息後，便立即派人傳訊到江戶城，現在聽完中島三郎的報告後，知道事態嚴重，又趕緊擬寫一份報告書，派人火速送往江戶城。這份報告書的內容大致如下：

「美國的四艘軍艦中有二艘是包著鐵皮的蒸汽船，一艘備有大砲三、四十門，一艘備有十二門，另外兩艘備有二十多門，軍艦進退自如，不用櫓也不用槳，出沒迅速……簡直就像一座在水上自由移動的城堡……船上的警備極為森嚴。對方說，若此地（浦賀）不接受國書，將立即率艦直抵江戶。屆時，若江戶也不接受，則不惜動武以雪此恥辱……艦上官兵一個個殺氣騰騰。」

日本的中央政府——江戶幕府接到來自浦賀的這份報告後，慌成一團，不知如何是好。

鎖國是日本二百多年來的國策，在此國策下，外國人（而且只限於荷蘭人與中國人）**只能透過長崎與日本接觸**（通商）。如今，若答應對方的要求，在長崎以外的地方（尤其是在首都江戶附近）與對方進行官方的接觸（接受國書），豈不違反鎖國政策？而且此例一破，難保對方將來不會得寸進尺，要求更多的接觸，如此豈不後患無窮？

可是：

一、對方已放出狠話，不接受國書就開火。

二、雙方武力相差懸殊，根本沒把握打贏此仗。

三、更重要的是，幕府早就得知亞洲最大的帝國——中國於十三年前，即一八四〇年，與英國發生鴉片戰爭，結果中國竟然慘敗，且不得不於一八四二年與英國簽訂割地賠款的南京條約。有這個血淋淋的前車之鑑擺在眼前，幕府怎敢輕啟戰端？

准將培里率領海軍前往日本©The New York Public Library

經過幾次內部商議，幕府最後還是決定先收下對方的國書再說。

美國的企圖

七月十四日，也就是黑船抵達江戶灣口後的第七天，培里率領三百名官兵，踏上日本領土，在浦賀鄰旁的九里濱（幕府在這裡臨時搭蓋了一座接待所），將美國總統費爾摩耳（Millard Fillmore）寫給幕府將軍的親筆國書交給浦賀奉行戶田氏榮。

這封國書的主要內容是這樣：

本人派遣培里總司令率領強大的艦隊拜訪陛下有名的江戶市，唯一的目的如下，即友好、通商、供給煤炭和糧食，以及保護我國因船隻遇難而漂流至貴國的人民。

美國為什麼會對日本提出這些要求，並不惜以武力恫嚇呢？

一個理由是在於美國捕鯨業的發展。美國的捕鯨業歷史很早，獨立戰爭之前就已存在。當時的捕鯨海域為大西洋，可是到了十八世紀末期，大西洋的鯨魚愈捕愈少，美國的捕鯨船便轉赴太平洋捕獵。到了十九世紀，捕鯨船北上，在日本北方的鄂霍次克海與堪察加半島附近的海域發現豐富的漁場，這片漁場自然吸引了愈來愈多的捕鯨船。在外海長久捕魚，難免會碰到需要補充淡水與糧食的時候，而日本離此不遠，是個理想的補給站。此外，有時船隻遇難漂流到日本時，也需要日本給予人道上的協助。可是日本堅持鎖國政策，對外國採取排斥態度，因此美國若想滿足上述二項需求，便非得與日本的鎖國政策發生正面衝突不可。

這的確是個很好的理由，但只是次要理由，畢竟捕鯨業在美國不是非常重要的產業。真正主要的理由是這樣：

美國和西方各國一樣，隨著工業革命的成功與資本主義的發展，必須為國內欣欣向榮的產業尋找更多、更大的海外市場。當時，尚待開拓而且也是西方各國最注目的市場便是亞洲，尤其以地大物博的中國最為列強所垂涎。事實上，早在十四世紀，馬可孛羅便把中國的富麗繁華景象深深地植入西方人的腦海裡。這份憧憬無疑是往後西方冒險家（包括哥倫布）甘冒生命危險也要探尋通往亞洲之路的絕大誘因。

美國當然很想與歐洲各國（尤其是勢力最大的英國）競逐在中國的市場利益。可是，在一八四八年之前，美國卻身懷一個難以克服的地理上的弱點。

當時，從西歐到中國的途徑，最標準的走法是沿著非洲西岸南下，繞過非洲最南端的好望角，經印度洋、東南亞，再北上到中國。與英國相比，美國走同樣這條航路極為吃虧。為什麼呢？因為美國必須先橫渡大西洋才能進入這條航路，英國（或其他西歐國家）卻不必。這個地理上的弱點使得美國對中國的貿易必須付出更多的時間與成本。

可是一八四八年後，情勢改觀了。一八四八年，美國因為打贏美墨戰爭，從墨西哥手中獲得了位於太平洋沿岸的加利福尼亞。而且就在當年，加利福尼亞發現了金礦，美國西部開拓史上最膾炙人口的淘金熱潮（gold rush）於焉展開。淘金熱帶來了一波又一波的移民潮，加利福尼亞也一天比一天繁榮。這麼一來，商船若從舊金山港出發，橫渡太平洋，直赴中國，這條航路就絕對比西歐各國的「標準航路」短得多。

對美國的亞洲進出戰略而言，除了加利福尼亞的取得外，還有一個大好條件，那就是巴拿馬地峽的開通計畫。

我們知道整個美洲，從北美、中美到南美，是連在一塊兒的，把太平洋與大西洋分隔在左右兩邊。西方各國若想經大西洋到太平洋，便得繞過南美最南端的麥哲倫海峽（麥哲倫環繞世界一周時，就是發現這條海峽，才得以完成壯舉）。不過，在中美洲的巴拿馬，從大西洋岸的科隆到太平洋岸的巴拿馬城，距離只有六十公里，稱為巴拿馬地峽。如果能將這條地峽以運河或鐵路打通，那麼就不需要千里迢迢地繞到麥哲倫海峽了。事實上，在培里赴日之前，這項以鐵路與運河打通巴拿馬地峽的計畫已經在積極進行中。巴拿馬地峽開通之後，從紐約港出發前往中國的商船就可走這條捷徑。

換言之，美國的商船在前往中國時，無論是從西岸的舊金山港出發，橫渡太平洋，或是從東岸的紐約港出發，經過巴拿馬地峽，再橫渡太平洋，都要比走大西洋繞好望角要短得多。

由於加利福尼亞的取得，以及巴拿馬地峽的開通計畫，美國以往在地理上的劣勢（必須比西歐國家多走一趟大西洋），現在突然反敗為勝，由劣勢轉為優勢。美國突然發現，原來中國是一個只隔著太平洋的鄰居。這個「發現」更加刺激了美國想到中國競逐市場利益的慾望。

但是，還有一個問題。

以蒸汽船橫渡太平洋的話，中途得找幾個補給站補充煤炭才行。美國已於一八一〇年代在夏威夷獲得這樣的據點，如果也能在日本獲得補給據點，這條橫渡太平洋以達中國的航路才算正式成立。當然，若能進一步與日本建立貿易關係，那自然是最理想不過了。

這就是為什麼美國急於逼迫日本「開國」的最主要理由。（這裡所說的「開國」是指

「開放國門」的意思，與「鎖國」是反義詞。以下本書所提到的「開國」都是這個意思。）

培里把美國總統的國書交給日方代表戶田氏榮後，又寫了一封備忘錄交給日方，內容是：

……由於國書裡所提的建議包含了很多問題，貴國政府想必得花一些時間來審議、決定，因此，我現在先離開日本，等明年春天再回來此地聽取貴國政府的回答。屆時，相信此事必能在兩國友好且都滿意的情況下得到解決……

換言之，美國總統對日本所提出的開國「建議」，培里並不要求日本政府立即答覆，而是將答覆的時間定在明年春天。因為他料定如果現在就要求日本政府立即答覆，對方一定會以「茲事體大，必須詳加商議」為由拖延個沒完沒了。與其如此，倒不如一開始就擺出通情達理的姿態，給對方思考商議的時間，待明年春天到來，對方就沒有拖延的藉口了。而且四艘軍艦所裝載的煤炭、糧食也快用罄，無法在此耗延太多時日。

七月十七日，培里率艦離開江戶灣，留下驚魂未定的日本政府與人民。離開時，他還不忘在江戶灣打幾發響徹雲霄的空砲，給日本作一個離別前的最後示威。

幕府、天皇與諸侯

培里丟了一道習題（開國與否）給日本政府，並限令對方在半年多的時間內提出解答。在敘述日本政府如何解這道習題，以及解完之後所引起的種種後遺症之前，我們必須先簡單地回顧一下日本的歷史。這樣才比較容易了解事情的來龍去脈。

讀者諸君聽過「萬世一系」這句話吧？**所謂「萬世一系」，指的是日本的天皇從第一任的神武天皇起，都是以血緣世襲，代代相傳，從未中斷。**照這樣的說法，現在的令和天皇自然也是神武天皇的子孫。而日本的建國紀念日便是根據傳說中，神武天皇於西元前六六〇年一月一日（陽曆二月十一日）即位之日訂定。

二次大戰前的大多數日本人（以及戰後的少數右派日本人）一直以「萬世一系」為榮。因為全世界沒有第二個國家擁有這樣完美並且綿延不斷的「傳統」。不僅如此，她們還有一件更驕傲的事。那就是「神武天皇是神的子孫」。換言之，每一代的天皇，以及現在、未來的天皇，都是神的子孫。這就是何以日本是「神國」的理由。

「天皇是神的子孫」這種觀念是怎麼來的呢？它是從《古事記》（完成於西元七一二年）與《日本書紀》（完成於西元七二〇年）這兩本日本最古老的敕撰歷史書來的。

根據《古事記》與《日本書紀》的記載，在很久很久以前，天上的天照大神派遣她的孫子瓊瓊杵命下凡，到日本九州去治理豐葦原瑞穗國。天照大神並且答應讓瓊瓊杵命的子子孫孫代代為王，直到天老地荒。瓊瓊杵命來到人間後，不知傳了幾代，傳到神武天皇。神武天皇極為神勇，東征大和，並於西元前六六〇年即位，成為日本的第一任天皇。此後，其子子孫孫便一直擔任日本的天皇。

於是，根據《古事記》與《日本書紀》的記載，日本人得到了二個結論。

一、天皇的祖先是天照大神。

二、天照大神答應讓日本天皇「萬世一系」，後來的歷史發展果真印證了這點。

然而，《古事記》與《日本書紀》這二本天皇朝廷自己編纂的「國史」可信嗎？大多數的日本歷史學者都認為這二本書的內容只有少部分吻合史實，其他大部分則是來自神話與傳說，不值得一信。不但天照大神命孫下凡的事荒誕無稽，就連第一任神武天皇起，到第十四任仲哀天皇為止的十四位天皇，歷史上是否真有其人也大有疑問。換言之，**第一至第十四任天皇是虛構的，只有從第十五任應神天皇起才有證據顯示真有其人，應神天皇才是信史中的第一任天皇**。

談完了天皇的虛構與實存問題後，我們再來看看天皇在日本歷史上的政治權力問題。

應神天皇大約是四世紀末期的人物。一般而言，從這個時候開始，一直到九世紀中期為止，天皇掌握著實際的政治權力。可是九世紀中期以後，政權卻落入外戚藤原氏手裡。藤原氏在天皇年幼時，擔任「攝政」，輔佐天皇，在天皇成年後，擔任「關白」，繼續輔佐天皇。因此不管天皇年幼或年長，總是被外戚「輔佐」。這是天皇政權旁落的開始，史稱「攝關政治」。

到了十一世紀末期，外戚不再專權，可是卻又跑出「上皇」與「法皇」。天皇讓位後稱「上皇」，若讓位後又出家便稱「法皇」。這些「上皇」與「法皇」讓位後依舊掌握政權，因此天皇還是沒有實權。

到了十二世紀後期，武士集團興起，他們槍桿子出政權，實際統治日本，稱為「武家政治」，天皇權力被架空，只是政治花瓶而已。「武家政治」從一一八〇年代開始，一直延續到一八六七年才結束，在這長達將近七個世紀的武家政權期間，如果捨棄比較短的戰亂期不談的話，大致可分成鎌倉幕府（源氏）、室町幕府（足利氏）、織豐政權（織田信長、豐臣秀吉）以及江戶幕府（德川氏）四個時期。

綜合以上所述，我們得到了一個結論，那就是，天皇在日本歷史上實際掌握政權的期間只有五百年（四世紀後期至九世紀中期），政權旁落的期間卻長達一千年（九世紀後半至十九世紀後半）。**在政權旁落的期間，首先是外戚專權**（約二百年），**接著**

是上皇、法皇當家（約一百年），**最後是由武士**（軍人）**的首領獨攬日本的統治權**（約七百年）。

在七百年武家政權的期間，除了織田信長（一五三四—八二）與豐臣秀吉（一五三六—九八）之外，武士階級的首領都由天皇授予「征夷大將軍」（簡稱將軍）的官銜。表面上，將軍一職既是由天皇授予，將軍自然是天皇的臣下，然而實際上，天皇沒有絲毫的實權，將軍才是日本的統治者。以將軍為首的武家政府稱為幕府，天皇的存在似乎只是為了賦予將軍統治日本的合法性。為什麼會這樣呢？原因只有一個——槍桿子出政權。

日本歷代天皇表

註：從第1代神武天皇到第29代欽明天皇的即位年是根據《日本書紀》，不一定真確。

代數	天皇名	即位年
1	神武	西元前660
2	綏靖	西元前581
3	安寧	西元前549
4	懿德	西元前510
5	孝昭	西元前475
6	孝安	西元前392
7	孝靈	西元前290
8	孝元	西元前214
9	開化	西元前158
10	崇神	西元前97
11	垂仁	西元前29
12	景行	71
13	成務	131
14	仲哀	192
15	應神	270
16	仁德	313
17	履中	400
18	反正	406
19	允恭	412
20	安康	454
21	雄略	456
22	清寧	480
23	顯宗	485
24	仁賢	488
25	武烈	498
26	繼體	507
27	安閑	531
28	宣化	536
29	欽明	539

代數	天皇名	即位年
30	敏達	572
31	用明	585
32	崇峻	587
33	推古(女)	593
34	舒明	629
35	皇極(女)	642
36	孝德	645
37	齊明(女)	655
38	天智	661
39	弘文	672
40	天武	673
41	持統(女)	686
42	文武	697
43	元明(女)	707
44	元正(女)	715
45	聖武	724
46	孝謙(女)	749
47	淳仁	758
48	稱德(女)	764
49	光仁	770
50	桓武	781
51	平城	806
52	嵯峨	809
53	淳和	823
54	仁明	833
55	文德	850
56	清和	858
57	陽成	876
58	光孝	884

代數	天皇名	即位年
59	宇多	887
60	醍醐	897
61	朱雀	930
62	村上	946
63	冷泉	967
64	圓融	969
65	花山	984
66	一條	986
67	三條	1011
68	後一條	1016
69	後朱雀	1036
70	後冷泉	1045
71	後三條	1068
72	白河	1073
73	堀河	1087
74	鳥羽	1107
75	崇德	1123
76	近衛	1142
77	後白河	1155
78	二條	1158
79	六條	1165
80	高倉	1168
81	安德	1180
82	後鳥羽	1183
83	土御門	1198
84	順德	1210
85	仲恭	1221
86	後堀河	1221
87	四條	1232
88	後嵯峨	1242
89	後深草	1246
90	龜山	1259
91	後宇多	1274
92	伏見	1287

代數	天皇名	即位年
93	後伏見	1298
94	後二條	1301
95	花園	1308
96	後醍醐	1318
97	後村上	1339
98	長慶	1368
99	後龜山	1383
100	後小松	1382
101	稱光	1412
102	後花園	1428
103	後土御門	1464
104	後柏原	1500
105	後奈良	1526
106	正親町	1557
107	後陽成	1586
108	後水尾	1611
109	明正(女)	1629
110	後光明	1643
111	後西	1655
112	靈元	1663
113	東山	1687
114	中御門	1709
115	櫻町	1735
116	桃園	1747
117	後櫻町(女)	1762
118	後桃園	1770
119	光格	1779
120	仁孝	1817
121	孝明	1846
122	明治	1867
123	大正	1912
124	昭和	1926
125	平成	1989
126	令和	2019

中日朝代對照表

世紀	日本		中國
B.C.5			
B.C.4			周
B.C.3			
B.C.2			秦
B.C1			西漢
A.D.1			
2			東漢
3			三國
4	大和時代		晉
5		天皇親政	南北朝
6			隋
7			
8	奈良時代		唐
9	平安時代		
10		攝關政治	五代
11			北宋
12		院政	南宋
13	鎌倉時代		元
14	南北朝		
15	室町時代	武家政治	明
16	安土桃山時代		
17	江戸時代		
18			清
19	明治	藩閥政治	
20	大正 昭和 平成	立憲政治	中華民國 中華人民共和國

深謀遠慮的德川家康

現在，我們把焦點移到德川氏的江戶幕府時代（一六〇三—一八六七）。江戶幕府的創立者德川家康（一五四二—一六一六）是個深謀遠慮的君主。他在平定天下後，為了讓自己的子子孫孫能夠永遠地坐穩將軍的權力寶座，作了如下的安排。

首先，他把全日本各地的大名（諸侯），按照與德川宗家的親疏關係，分成三級。最親密的大名是與德川宗家有血緣關係的，也就是德川大家族中的成員，稱為「親藩大名」。其中，尤其以德川家康的七男德川義直（尾張藩）、八男德川賴宣（紀伊藩）和九男德川賴房（水戶藩）最親，稱為「御三家」。將軍家若無子嗣時，便由「御三家」中挑選一合適對象，過繼給將軍作養子，以便將來繼承將軍職位。

與德川宗家第二親密的叫做「譜代大名」，他們是德川家康在打下天下之前的家臣，由於跟著家康東征西討戰功彪炳，天下底定後論功行賞，便被封授大大小小的領地。

與德川宗家關係最疏遠的是「外樣大名」。他們是德川家康在平定天下的過程中才一一投降稱臣的各地諸侯。由於關係最疏遠，對幕府造反的可能性也最大，因此這些「外樣大名」的領地大都被配置在偏遠地區。相反地，「親藩大名」（德川家族）與「譜代大名」（忠實家臣）的領地則被配置在江戶、京都、大阪等重要都市的四周或全國的交通要道。如此一來，即使某個「外樣大名」舉反旗，企圖率兵攻打江戶（幕府所在地）或京都（天皇所在地），都將沿途遭遇親藩與譜代的迎頭痛擊。

「譜代大名」雖然是第二親密，但也難保他們不生異心。對於這一點，德川家康採取了籠絡政策。他讓這些「譜代大名」參與幕府政治，讓他們也能分享到權力的滋味。

例如，除了將軍之外，幕府組織中的最高行政首長便是「老中」（有特殊情況時，在「老中」之上增設「大老」）。這個相當於宰相的職位是從領地二萬五千石以上的「譜代大名」之中挑選擔任。不過，為了防止「老中」專權，通常同時有四、五名「老中」，他們以月為單位，輪流掌職。

（在此必須稍微說明的是，為什麼要以「石」作為土地的計算單位呢？石是容量單位，一石約等於一百八十公升，二萬五千石的領地就是每年能夠生產二萬五千石稻米的領地。由於當時的日本是個農業國，土地利用以稻作為主，稅收、俸祿都以稻米計算，因此領地的大小也以稻米的生產量來計算。）

德川家康除了安排「親藩大名」和「譜代大名」作為幕府的屏障，以隔離「外樣大名」之外，又想了一個讓每位大名疲於奔命，以致沒有精力搞叛變的妙策，那就是「參勤交代」（「交代」翻成中文是「交替」或「輪流」）。

所謂「參勤交代」，就是規定一般大名必須一年住在自己的領地（藩），一年住在江戶，關東地區的大名則是半年住在領地，半年住在江戶。如此一來，由於大名往返於江戶與領地時，為了擺出威武堂堂的場面，往往有上千人的衛士跟隨護駕，這上千人的旅費可是一筆龐大的開銷。而且由於「參勤交代」的關係，各藩在江戶都得設有一座像樣的藩邸，以供藩主（大名）、藩士居住。住在江戶的話，又難免與達官顯要交際應酬甚至送禮賄賂，這都是龐大的支出。總之，對各藩而言，「參勤交代」是個挺累人的制度，不僅消磨精力，也消磨財力。

（有趣的是，「參勤交代」這個制度表面上看起來除了累人之外，似乎一無是處，可是長久實行下來，卻產生了二個意外的效果，一個是促進日本國內交通的發達，一個是促進了江戶的繁榮。）

有了「參勤交代」這個法寶後，德川家康還是不放心，又想出了各式各樣的點子來牽制各藩。例如，他規定每位大名的正妻與長子（大名的繼承人）必須常住江戶，作為幕府的人質，以防止大名反叛。又如，幕府有什麼工程要建設時，各藩必須出錢出力。還有，大名結婚時，必須先獲得幕府的許可等等。

德川家康如此處心積慮地為子孫著想、設計，難怪江戶幕府能夠相安無事地持續了二百六十四年。因為在層層的牽制下，日本國內沒有第二股勢力敢與幕府為敵。

談完了幕府與各藩的關係之後，我們得再花一點兒篇幅來談談幕府與天皇（朝廷）的關係。

我們前面已經提過天皇在日本歷史上曾經掌握過政權（天皇親政），可是好景不常，政權先是落入外戚（攝政、關白）手裡，接著落入上皇、法皇手裡，最後落入武士首領手裡。

擁有神祕力量的天皇

然而，德川家康深知這個早就被打入政治舞台冷宮的天皇，擁有一種不可等閒視之的潛在力量。由於有不少日本人相信「天皇是神的後裔」以及「萬世一系」，並以此為榮，因此天皇隱隱約約成為日本人精神上的大家長，尤其若是碰到國內發生大動亂，或外敵入侵時，平常被人遺忘的天皇就會鹹魚翻身，突然變得重要起來。

對德川政權而言，天皇擁有的這種神祕力量簡直就像一枚定時炸彈般，不知何時會爆炸。

讀者或許會問：天皇既然如此「危險」，德川家康或歷代將軍為什麼不乾脆廢掉天皇取而代之，以一勞永逸呢？中國的英雄豪傑不都是把皇帝幹掉，自己當皇帝嗎？這個問題可說是日本史上的一個謎，到現在似乎還沒有標準答案。比較合理的解釋或許是這樣：

一、「天皇是神的後裔」與「萬世一系」的觀念根深蒂固，因此，歷代將軍不敢冒天下之大不韙廢除天皇。這麼做的政治風險太大了。

二、將軍擁有全國最強大的軍事力，這固然是其維繫政權的最大本錢，可是手上握著天皇這張牌更增添其統治的合法性。表面上，將軍是天皇的臣下，實際上將軍才是日本的主宰。把「名」讓給天皇，自己取「實」，當個實際的統治者，這有何不好？換言之，天皇有利用的價值，沒有必要廢除。

就這樣，天皇得以倖存。

不過，天皇既是個不知何時會爆炸的炸彈，德川家康便想了一些防止他爆炸的點子。

首先，他把天皇、皇族以及朝臣（朝廷的臣子）們「關」在京都的皇宮裡，不讓他們隨便外出。如此一來，這些人便無法與外界的勢力（例如大名）接觸，只能在皇宮內玩「宮廷家家酒」的遊戲。

其次，他牢牢控制朝廷的經濟，讓這批人沒什麼閒錢（活得下去就好）。這麼一來，天皇既無軍隊，又無錢財，更無法與外界勢力聯繫，如何造得了反？

更妙的是，德川家康還於一六一四年對朝廷提出「禁中並公家諸法度」，翻成現代中文就是「天皇與朝臣所必須遵守的法律」。將軍居然可擬訂法律限制天皇的行為，由此可見天皇地位的低落。

最令天皇難堪的是，「禁中並公家諸法度」的第一條內容竟然是「**天皇應該把讀書列為第一要務**」。換言之，天皇應該少管閒事（尤其是政治），應該把心思擺在讀書上。這是什麼樣的口氣！身為天皇臣下（即使是表面上）的將軍，竟然可以教訓天皇，「勸」天皇多讀書。由此可知天皇的地位實在低到令人同情的地步。

不過，求生存畢竟是人類的本能，無論遭受多大的侮辱，天皇與他的朝臣們仍舊勇敢地活下去。當然，他們的心中是不平的，尤其當他們閒來無事（這是常有的），談起天皇的祖先是如何光榮地統治日本時，不平的情緒更加強烈。他們只有等待，日日月月地等待，等待一個能夠東山再起、重拾朝廷尊嚴的契機。

以上，我們談完了幕府與各藩的關係，以及幕府與天皇的關係。接下來，得談談「鎖國」。

西方人「進出」亞洲蔚為潮流

我們知道歐洲是畜牧文明，以肉食為主。可是在沒有冰箱的時代，肉類很難保持新鮮，必須以鹽醃漬，才不致腐壞。即使如此，食用的時候，仍有一股腥味。為了去腥，最好的方法便是在烹調時或食用前撒上一些香料、胡椒。然而，香料與胡椒是熱帶地區產物，歐洲國家多位於溫帶，哪來的香料、胡椒呢？另一方面，東南亞和印度一帶卻是全世界最大的香料、胡椒產地(至今，東南亞各國的辛辣料理與印度的咖哩飯仍舊舉世聞名)，因此自羅馬時代起，西方人便不斷地從這個地區進口香料、胡椒。當時，由於異常珍貴之故，香料與胡椒不但可以作為現金使用，「胡椒袋」還成為「商人」的別稱。

中世紀時，香料、胡椒的貿易操在回教商人與義大利商人手中，義大利商人向回教商人買進香料、胡椒後，再轉手賣給其他歐洲商人。由於香料、胡椒的貿易利潤極高，因此位於地中海西端的葡萄牙與西班牙便想找出一條通往亞洲的新航路，以利直接採購香料、胡椒。十五世紀，鄂圖曼土耳其興起，於一四五六年攻陷君士坦丁堡，消滅東羅馬帝國，建立橫跨歐亞非三洲的大帝國。鄂圖曼土耳其帝國的興起使得亞洲與歐洲之間的香料、胡椒貿易大受影響，葡、西兩國尋找新航路以達亞洲的慾望因而更加強烈。

這個經濟動機，再加上馬可孛羅以來西方人對中國的憧憬，便造成了自十五世紀後半起，葡、西兩國的海外大探險行動。目標當然是亞洲。

葡萄牙人於一四八六年沿非洲西岸南下，發現非洲最南端的好望角，並於一四九八年繞過好望角抵達印度。西班牙則於一四九二年支援哥倫布西行，期望能抵達亞洲，不料卻歪打誤撞「發現」美洲。一五一九年，西班牙又支援麥哲倫西行，繞過南美南端的麥哲倫海峽，橫渡太平洋，經亞洲回到歐洲，完成環繞世界一周的壯舉。

此後，葡萄牙人與西班牙人便在亞洲，從西而東，由南而北，一步步擴張他們的勢力。另外，荷蘭與英國也跟在「開拓者」葡、西後面，前往亞洲尋找經濟利益。

西方人向亞洲「進出」已經成為一股無可抗拒的潮流。這股潮流一波接著一波不斷地從南亞往北亞推進，終於，潮流沖抵了位於東北亞的日本。時間是一五四三年。

一五四三年，一艘從暹羅（現在的泰國）出發預定前往中國（明朝）寧波的商船，因途中遇到暴風雨，漂流到日本九州南方的種子島。船上有三名葡萄牙人。這是歐洲人第一次踏上日本的領土，也是歐洲人首次「發現」日本。此後，葡萄牙、西班牙、荷蘭與英國的商船就相繼前來日本貿易。

日本的統治者（織田信長、豐臣秀吉）起初很歡迎這些帶來貿易利潤的異國船隻，可是慢慢地，卻覺得有點兒不太對勁。因為這些異國船不僅帶來商人與商品，還帶來傳教士與聖經。

基督教是個排他性極為強烈的宗教。西方的基督徒深信只有他們的神（上帝）才是真神，其他的神都是偶像，其他的宗教都是邪教。為了讓所有的人類都能解脫罪惡，得到上帝的恩寵，基督教自成立之時，便展開了狂熱的傳教運動。為了傳播他們的真理，即使犧牲生命也在所不惜。十五、十六世紀的種種地理大發現之後，基督教的傳教士就跟在商人與軍隊的後面，前往美洲、非洲和亞洲傳教。

二十六聖人殉教

一五四九年，第一位基督教傳教士抵達日本傳教。此後，傳教士愈來愈多，而他們所獲得的日本人信徒也快速增加。一五五一年時，只有一千至一千五百人；一五七〇年時，增加到三萬人；一五七九年，增加到十萬人；一五八七年，增加到二十萬人；一五九八年，增加到三十萬人；到了一六〇五年，全日本已經有七十五萬名基督教信徒了，其中甚至包括幾位大名（諸侯）在內。

隨著信徒的急遽增加，日本的統治者開始坐立不安了。如果任憑信徒增加下去的話，將來大多數的日本人豈不都變成基督徒？屆時，會不會危及統治者的權力與權威呢？何況日本的佛教徒、神道徒已經在提出抗議了。

終於，豐臣秀吉於一五八七年下令驅逐傳教士，實行禁教。可是這項禁教令執行得並不徹底。因為豐臣秀吉採取「貿易歸貿易，禁教歸禁教」的政策，而西洋人（尤其是最熱心傳教的葡萄牙與西班牙）的貿易卻經常與傳教勢力糾結不清。傳教士仍舊或暗或明地繼續傳教。不料，一五九六年發生了一件大事。

一五九六年，一艘從馬尼拉出發前往墨西哥的西班牙商船聖菲利浦號，中途遇到暴風雨，漂流到日本的浦戶港。該船派遣代表上岸求見豐臣秀吉，希望豐臣秀吉能夠允許該船暫時停泊浦戶港直到破損的船隻修復完畢。秀吉立刻派手下大臣增田長盛前往浦戶港調查此事。

增田長盛到了浦戶港後，召來聖菲利浦號船長詢問一番，在詢問的過程中，提到「西班牙在哪裡？」「領土有多大？」時，該船長攤開世界地圖，指著西班牙、中南美洲以及東南亞幾個地方，得意地說：

「這些都是西班牙的領土。」

增田長盛驚訝地問道：

「怎麼那麼多呢？西班牙如何獲得那麼多土地？」

船長回答道：

「西班牙先派遣傳教士到這些國家傳教，等信徒漸多之後，再派遣軍隊裡應外合地征服他們。」

船長的驚人證言傳到豐臣秀吉耳中後，自然令這位日本的統治者怒髮衝冠。他立即下令逮捕了六名外國傳教士、三名日本傳教士以及十七名日本信徒，將他們遊街示眾後於一五九七年在長崎處以死刑。這就是所謂的「二十六聖人殉教」。

聖菲利浦號船長的證言證實了日本統治者多年來的隱憂——**西方人的傳教是侵略的手段**，從此，日本的統治者對西人來日便更加猜忌，而施以種種的限制。自江戶幕府第一代將軍德川家康以下，歷經第二代將軍德川秀忠，第三代將軍德川家光，限制愈來愈多，到了一六三九年，終於完成鎖國體制。

在鎖國體制之下：

一、嚴禁基督教。

二、嚴禁日本人出國，在國外的日本人也不准返國。

三、除了誓言不在日本傳教的荷蘭人以及本來就不是基督教的中國人外，其他外國人不准到日本來。

四、荷蘭人與中國人來日貿易時，也只限於長崎一港。

五、荷蘭人來日時，限制住在長崎港外的一個人造小島上（這個小島名叫出島，面積三千九百六十九坪），不准與日本百姓接觸。

六、任何與基督教有關的書籍，無論漢籍或洋書，一律不准進口。

這就是鎖國政策。從一六三九年起，一直到一八五四年培里敲開日本的國門為止，總共持續了二百十五年。

不過，日本在這二百十五年之間，並未因鎖國政策而完全杜絕來自異國的干擾。因為西方文明自從十五世紀末期起就已經踏上了不斷向外擴張的不歸路（直到二十世紀的第二次世界大戰結束），十八世紀六〇年代中期工業革命在英國爆發以及隨後蔓延到法、荷、美等國，更加劇了西方文明向外擴張的速度與強度。

因此，從十八世紀末期起，日本的鎖國政策就開始面臨挑戰。日本列島四周的近海、沿岸不斷有異國（英、法、俄、美）船隻出沒，有的因遭遇暴風雨而漂流到岸邊，有的前來要求添加薪、水，有的好心將海上遇難的日本漁民送還，有的則提出通商的要求。江戶幕府自然為這些不速之客傷透腦筋。一八二五年，幕府對各藩下達「無二念打拂令」，翻成中文就是「只要看到異國船隻接近日本，二話不說，立即驅逐！」可是到了一八四二年，當幕府從中國人與荷蘭人口中得知中國於鴉片戰爭中敗給英國後，為了怕與外國發生衝突，又趕緊取消「無二念打拂令」，改行「薪、水給予令」。

這些十八世紀末期以來像蒼蠅一樣嗡嗡嗡地不斷前來干擾的異國船隻，最後都被日本一一打發掉。原因是英、法、美、俄等國在這個時期還沒有迫切需要逼迫日本開國。而且，這些船隻大部分是沒有大砲武裝的民間船隻，很好打發。

然而，一八五三年的培里艦隊卻不是蒼蠅，不只是來日本嗡嗡幾聲而已。如前所述，逼迫日本開國在這個時候已經成為美國經營亞洲不可或缺的一著棋。培里的高姿態已經充分表露出其背後的美國政府的堅定意志。

以上，我們把培里來日之前的日本歷史與權力構造作了一個概括的整理，接下來得回到故事的主題。

開國

培里艦隊的來航在日本引起了很大的震撼。這個驚人的消息由浦戶傳到江戶，再由江戶傳到日本各地。而且在傳播的過程中，消息的內容不斷被渲染誇大。本來只來了四艘軍艦與一千名美國人，傳到江戶市街時，變成十艘軍艦與五千名士兵，消息抵達京都時，又增加為一百艘軍艦與十萬名士兵。

市井謠言滿天飛，幕府內部也是人心惶惶。當時幕府第十二代將軍德川家慶正臥病在床，也不知是否受到培里來航的驚嚇，病情突然加重起來，七月二十七日，也就是培里離開日本後的第十天，嚥下了最後一口氣。

將軍在這節骨眼上的突然病亡，更加增添幕府惶惶不安的氣氛。三十四歲的幕府首席老中（宰相）阿部正弘此時心中充滿了悔意，因為對於培里此次來航，幕府早就獲得警訊，卻沒有做妥善的準備。

一八四四年，也就是鴉片戰爭結束後的第二年，荷蘭國王威廉二世寫了一封信給日本皇帝（將軍），勸他開國。信中首先敘述自古以來的大國大清帝國如何在鴉片戰爭中慘敗的經過。然後說：

貴國至今雖還沒有遭逢過這樣的災難，可是災難都是在倉卒間發生的。近年來，在日本近海出沒的異國船隻比往昔增加很多，難保哪一天不會與貴國民眾發生爭執而啟戰端。

又說：

盱衡古今時勢，天下萬民愈來愈親近，這股潮流絕非人力可阻止。尤其在蒸汽船發明之後，更拉近了各國之間的距離。

最後的結論是勸告將軍放棄鎖國政策。

接到這封合情合理充滿善意的信函之後，幕府卻毫無所動，以「鎖國為日本的祖法」為由，拒絕了荷蘭國王的勸告。

這是第一個警訊。當時，阿部正弘已身列三名老中之一。

一八五二年夏，阿部正弘收到了第二個警訊。原來，美國在派遣培里前來日本之前，已經把這項計畫告知西方各國，並通知荷蘭，要求荷蘭駐長崎出島的商館長屆時能予以適當協助。荷蘭商館長得到這項消息後，立刻寫一份報告交給長崎奉行（幕府派駐在長崎的最高行政長官），再由長崎奉行轉呈給阿部正弘。

可是阿部正弘卻對這份報告半信半疑，不但沒有採取積極對策，而且密而不宣，只讓一、二人知道此事。

有了一八四四年與一八五二年兩次的警訊，幕府宰相阿部正弘卻未採取積極的因應措施，由此可見其因循保守的個性。

培里來航時，十二代將軍德川家慶正臥病在床，培里離日不久後，又因病亡故，因此這段期間的政治責任與決策的選擇全都落在首席老中阿部正弘身上。這豈是因循保守的阿部正弘所能承受？因此，他採取了分散責任的方式來面對這個江戶幕府二百多年來最大的危機。

首先，他於七月二十日派使節上奏京都朝廷，告知培里艦隊來航的消息。八月十六日，又將美國總統國書的日語譯文上呈給朝廷。昔日被德川家康「下令」必須專心於學問不可插手政治的天皇，現在由於國難當頭，幕府無法單獨應付，而突然變得重要起來。

其次，阿部正弘又於八月五日，把美國總統國書的譯文分發給各大名（諸侯），要他們不必有任何顧忌地提出自己的意見。數天後，又把諮詢的對象從大名擴張到幕府官僚、各藩藩士甚至一般民眾。換言之，任何人只要有什麼妙計都可提出。

廣徵眾議

面對外交難題時，統治者不敢擅自作主，而向社會各界徵詢良策，這是江戶幕府創立以來不僅是頭一遭，在日本歷史上也是前所未聞。**阿部正弘萬萬沒想到這項破天荒的「民主」創舉竟然埋下了幕府滅亡的導火線**。因為在此之前，幕府掌控國家大政，根本不容旁人（天皇、大名）有插嘴的餘地；可是在培里來航以及阿部正弘採取「廣徵眾議」的創舉後，日本突然變得「熱鬧」起來，天皇及其朝臣，大名及其家臣（藩士）紛紛躍上了政治舞台。他們彼此串連縱橫，有的是為了救國，有的是想趁機擴張自己的勢力，還有的是早就對幕府懷恨在心，想讓幕府的處境更艱難。動機各式各樣，手段也五花八門。

無論如何，對幕府而言，一八五三年之後的國內政局是一天比一天複雜，一天比一天失控。這一點，讀者將可在往後敘述中得到印證。

阿部正弘採取「廣徵眾議」措施後，大名之中，有二百五十人提出意見，幕臣（幕府的官僚）之中，也有四百二十三人提出意見，此外，藩士十五人，學者二十二人，平民九人也提出意見。

這些意見當中，有些是「沒有意見」。其他「有意見」的意見當中，有一小部分主張應斷然拒絕美國的要求——開國。例如長州藩主毛利慶親、越前藩主松平慶永等人就是如此主張。不過多數意見則認為，以日本現在的軍備而言，實在無法和美國對抗，因此不妨與對方打太極拳，盡量拖延時間，或者暫時「有條件地」答應美方的要求，等軍備充實之後再驅逐敵人。由此可見，大多數人基本上仍不願開國。

不過，也有少數人能夠洞徹世界潮流而提出積極開國的意見，例如幕臣勝海舟。他主張日本應該與外國貿易，貿易所得的利潤則用來充實軍備，並用來製造大船，以前往海外貿易。換言之，勝海舟不但主張應該讓外國前來日本貿易，更主張日本也應該前往外國貿易。這是何等積極、開明的主張啊！

可是，因循保守的幕府哪裡有採用這種意見的魄力呢？

這些意見中，最具「創意」的是一名江戶妓女院老闆所提出來的。「我們可佯裝捕魚靠近異國船，然後送給他們雞、薪木、水以及外國人最喜歡的漆器、繪畫，與他們建立友善關係。然後登上外國船，和他們喝酒，等酒過三巡，便假裝酒瘋開始打架，趁混亂的時候，放火點燃軍艦的火藥庫，並且拿出預藏的生魚刀，殺光外國人。此計必然成功無疑。」

幕府當然沒有採用這種近乎兒戲的意見。

就在幕府手忙腳亂拿不定主意的當頭，長崎又傳來急報說四艘俄艦於八月二十一日強行駛入長崎港，要求與日本通商並劃定日俄國界。前門的虎剛走，後門又來了一匹狼。

原來俄皇尼古拉一世採取南下擴張政策後，眼看著英國在中國大有斬獲，現在又得知美國派艦脅迫日本開國的消息，深怕東亞的利益全給英、美撈盡，便趕緊派普伽琴海軍中將率艦前來日本分一杯羹。

幕府趕緊派代表赴長崎，極力與俄敷衍。幸好此時俄國與土耳其發生克里米亞戰爭（一八五三—五六），由於土耳其背後有英、法兩國撐腰，因此英、法隨時有可能對俄宣戰。在這種情況下，普伽琴也不敢在長崎逗留太久，或與日本發生不必要的衝突。結果，在獲得「等三、四年後再說」的承諾後，普伽琴離開了長崎。

強敵一一出現，幕府除了開國之外，顯然別無選擇。

時間過得很快，翌年（一八五四年）一月十三日，培里再度來到日本江戶灣。這回他率領了七艘軍艦，比去年夏天多了三艘。

毫無疑問地，這七艘黑色軍艦所散發出來的堅定意志立即震撼了整個幕府。培里不發一言，就已經把他的決心很清楚地傳達給對方。

此外，培里這次的舉動比去年更顯霸氣。去年他把船停泊在江戶灣口，這次他航抵江戶灣口後又繼續前進，深入江戶灣內，直到橫濱附近才停船。這時，江戶城已遙遙在望了。

這個舉動自然強化了對幕府的震撼效果。

幕府趕緊派代表與培里交涉。如培里所預料，幕府代表一開始就拚命打太極拳，找各種理由敷衍，例如幕府剛換了新將軍沒多久，對此事還不甚了解，必須從長計議等等。可是，培里怎會吃這一套？他只有一句話：「不開國，就開火！」

結果不問可知，幕府最後還是點了頭。

一八五四年三月三十一日，雙方在橫濱簽下了「日美親善條約」。這個條約的主要內容是：

一、日本開箱館（即函館，位於北海道南端）與下田（位於靜岡縣伊豆半島南端）二港，並提供糧食、水、煤炭給前往這二港的美國船隻。

二、美國可派領事駐下田。

三、美國享有最惠國待遇。

值得注意的是，這個條約並沒有提到「通商」。這一方面固然是由於日方的堅持，另一方面，對培里來說，他已經獲得絕大部分他想要的，與日本通商並非是美國迫切所需，因而也樂於妥協。何況將來美國若感覺有必要與日本通商，可以透過駐日領事與日本政府交涉。

無論如何，培里帶著滿意的笑容離開江戶灣，幕府則像送走瘟神般鬆了一口氣。至於日本，這個被德川統治者封閉了二百十五年的民族，當他們走進被培里撞開的國門時，發現門外的陽光是那麼強烈，強烈到讓他們的眼睛幾乎睜不開來。他們必須花一點時間來適應陽光，這樣才能看清楚門外的景象。

兩名偷上船的日本人

培里離開江戶灣後，先到下田視察，再到箱館視察，然後又回到下田。就在這個時候，發生了一件插曲。

四月二十五日半夜二點左右，密西西比號甲板上的守夜衛兵突然聽到舷側下面傳來響聲，探頭一看，嚇了一跳，一艘小木船緊靠著舷側，兩個日本人正沿著舷側的梯子爬了上來。衛兵喝道：

「你們是誰？上來做什麼？」

這兩位日本人顯然不懂英文，他們先深深鞠了個躬，然後開始比手劃腳。

從對方的手勢，衛兵猜知這兩個日本人希望能留在船上。

衛兵趕緊去通報他的長官。不久，來了幾位長官級的人物以及一名懂漢文的翻譯員。翻譯員透過筆談得知這兩位日本人是長州藩藩士，一個叫吉田松陰，一個叫金子重輔。兩人都是文質彬彬、態度優雅的書生，尤其是那位叫吉田松陰的日本人，更是一手流暢典雅的漢文，顯然是一位深具教養的知識分子。

吉田松陰告訴翻譯員，他們想留在船上，跟著軍艦去美國，好親眼看看美國的情形。他並且說道，幕府禁止日本人民出國，任何人若犯了這個禁令被抓到的話，一定會被判處死刑，希望培里總司令能夠答應他們的請求，別趕他們下船。

兩人的態度是那麼誠懇而殷切，培里實在有點兒心軟。可是他想到萬一幕府知道他把兩名日本人「偷運」到美國，一定會很憤怒，以至於影響到美日兩國今後的關係。他可不願為了兩名陌生日本人付出這樣的代價。因此培里最後還是下令將兩人趕回陸地。

這兩人之中，吉田松陰是幕末赫赫有名的人物，往後我們還有機會提到他。

一旦被培里撞開的日本國門，不但再也關不起來，而且還愈開愈大。因為緊跟著美國，其他西方列強也紛紛前來提出同樣的要求。

一八五四年十月十四日，英國東印度艦隊總司令史蒂林率領四艘軍艦前往長崎，要求比照美國締約。十一月，雙方簽訂「日英親善條約」。

一八五四年十一月，俄國海軍中將普伽琴再度率艦來日。翌年二月，雙方簽訂「日俄親善條約」。

此外，荷蘭也於一八五四年十月提出締約要求。幕府一開始僅以口頭答應，後來拗不過荷蘭的再三催促，雙方才於一八五六年一月三十日簽訂「日荷親善條約」。

充實海防

經過一八五三年培里艦隊來航的衝擊之後，幕府才發覺原來日本的國防是那麼脆弱，以至於眼睜睜地看著外國艦隊在江戶灣耀武揚威、百般挑釁，卻一點兒也奈何不了對方，最後只得忍氣吞聲地簽下開國條約。

因此，如何充實軍備、加強海防便成為當務之急。

日本是個島國，四周都是海，海防的重要性不言而喻。要談海防，就必須有軍艦，有了軍艦才能驅敵。可是當時全日本連一艘軍艦也沒有。不但沒有蒸汽軍艦，連帆船軍艦也沒有。怎麼會這樣呢？

原來，德川幕府於十七世紀實行鎖國政策時，下令全國各藩不准製造五百石以上的大船——因為既然任何人都被禁止出國，也就沒有必要擁有能夠遠渡重洋的大船。從那時以後，大型船隻在日本漸漸消失，經過二百多年的太平生活，日本已看不到任何大型船隻或軍艦，只剩下中、小型的運輸船與漁船。這些中、小型船當然上不了戰場。

因此，幕府趕緊於一八五三年十月下令解除建造大船的禁令。另外又於同月，要求長崎的荷蘭商館長從荷蘭緊急進口有關軍艦、槍砲、軍事的書籍。

當然，在幕府的政治圈中，最熱心於海防，也最厭惡「夷狄」的，首推水戶藩前藩主德川齊昭。老中阿部正弘便與德川齊昭商量，請水戶藩為幕府造一、二艘洋式大船，費用由幕府負擔。齊昭一口答應下來。

水戶藩有一名藩士叫鱸半兵衛，是個蘭學者。什麼是蘭學呢？**蘭學就是透過荷蘭文書籍所學到的西方知識**。自從德川幕府於一六三九年實施鎖國之後，荷蘭成為唯一與日本接觸的西方國家。為了與荷蘭人溝通，幕府在長崎培養了一群通曉荷蘭文的翻譯官。這些翻譯官除了擔任日荷雙方的翻譯之外，在與荷蘭人交往的過程中，也學得一些西方的學術知識。後來，有些翻譯官開班授徒，把他們的荷蘭文以及透過荷蘭文學到的西方知識，傳授給其他有心學習的日本人。久而久之，日本的知識界便形成了一群研究「蘭學」的學者，他們不但自己埋頭研究蘭學，還開設蘭學私塾，廣收門生。

德川齊昭答應阿部正弘的請求後，於一八五四年一月命令鱸半兵衛造洋式大船。鱸半兵衛接到了這個命令後，嚇了一跳，他說：

「臣雖然曾經翻譯過有關造船術的蘭書，從書本上大略得知一些造船的知識，可是臣不但沒有實際造過大船，連船都沒乘過，因此，究竟能否造出像樣的大船，臣毫無自信。而且，聽說即使西洋人造大船也得花一年左右的歲月與龐大的金額。現在若由我們日本人自己造大船的話，由於技術生疏之故，恐怕得花更多的時間與費用。」

可是事關國家海防，毫無造船經驗的鱸半兵衛終究得硬著頭皮，按照蘭書上的記載，指揮工匠造船。或許是鱸半兵衛所持有的蘭書太舊，他仿造的是十七世紀初期（亦即二百五十年前）荷蘭東印度公司的船型。即使如此，這種船型仍舊是當時日本最先進的。

然而，就如鱸半兵衛所擔心的，這艘六百至七百噸左右的洋式大船花了二年才完成，而且造船費用一再地追加，甚至一度讓幕府的會計部門受不了，而提議終止這項所費不貲的造船計畫。

在德川齊昭與阿部正弘的堅持下，大船終告完成。幕府為它取了一個很雄偉的名字「旭日號」。可是當「旭日號」下水後，眾人嚇了一跳——為何浮在水面上的船身是傾斜的？如果連靜止時都無法保持正常姿態，那麼航行時會如何呢？顯然，這艘首度由日本人建造的洋式大帆船是一件失敗的作品。

「旭日號」的失敗說明了二件事。

一、西洋的造船技術領先日本太多了。如果日本連二百五十年前的西洋帆船都無法仿造成功，更不用談仿造西洋最先進的蒸汽船。

二、光靠西洋的書籍(蘭書)，很難獲得真正的西洋造船技術。

當然，如果光靠西洋書籍，經過數次的錯誤嘗試後，或許可以逐漸修正錯誤，而造成比較像樣的西式大船。可是，那得投入多少的時間與金錢啊？

就在幕府為此事大傷腦筋的時候，幸運之神降臨了。

前面曾提及俄國海軍中將普伽琴於一八五四年十一月再度來日，要求比照「日美親善條約」與日本簽約。沒想到這個時候日本突然發生大地震，停泊在下田的俄艦被海嘯所襲，嚴重破損。普伽琴決定將這艘軍艦駛到伊豆半島西岸的戶田村修理，不料該艦卻在半途沉沒。普伽琴因而向幕府請求提供材料與工匠，由俄人就地指揮另造一艦。幕府答應了普伽琴的請求，由幕府的技術官僚江川英龍等人率領數十名日本人工匠前往戶田村協助造船。一百天之後，新船完成。

就這樣，在俄國人的指導下，日本人終於學會了西式帆船的建造技術。之後，幕府就利用這個得之不易的技術，展開了西式帆船的建造計畫，在戶田造四艘，在石川島造六艘。

可是，日本雖然擁有西式帆船，卻仍然不是蒸汽船的對手。蒸汽船不但速度較快，動作也較靈活。因此，**能否擁有蒸汽船便成為日本海防政策上最大的關鍵**。

第一個企圖建造蒸汽船的是薩摩藩的藩主島津齊彬。在幕末各藩主之中，最開明也最有遠見的就是島津齊彬。當幕府於一八五三年十月宣布解除建造大船的禁令（不過各藩必須先向幕府報備，得到允許後，才可建造）後，島津齊彬就立即向幕府申請建造一支由十五艘軍艦所組成的艦隊。其中有十二艘是帆船，三艘是蒸汽船。

這是一個非常驚人的計畫，如果成功的話，毫無疑問地，必然能與培里的艦隊相抗衡。

一八五四年八月，薩摩藩同時進行四艘帆船的建造工程。翌年春季，四艘帆船完成，取名「大元號」、「鳳瑞號」、「承久號」與「萬年號」。其中，前二艘被幕府以六萬兩買走。

由此可見，薩摩藩製造帆船的實力的確不容小覷。可是，蒸汽船呢？

一八五四年春季，薩摩藩開始建造蒸汽船。蒸汽船中最重要的部分當然是蒸汽機。薩摩藩如何製造這個當年日本還不存在的東西呢？他們和水戶藩的鱸半兵衛一樣，憑著蘭書上有關蒸汽機的解說，邊看邊做。然而，如果蘭學者鱸半兵衛無法憑著蘭書製造出像樣的西式帆船，薩摩藩的蘭學者又有什麼本事憑著蘭書製造出蒸汽機呢？後者比前者要難多了。

何況日本當時沒什麼工作機械。別說蒸汽機了，連蒸汽機中最普通的一個小零件，如螺栓，都得靠人工，以銼刀一來一往地銼成。這種製造方式與其說是在製造蒸汽機，倒不如說是在打造藝術品。

訂購蒸汽船

一八五四年八月，一艘荷蘭蒸汽軍艦「史慕明號」駛入長崎港。薩摩藩聽到這個消息後，趕緊派幾名技匠前往長崎參觀。這幾名技匠登上「史慕明號」，仔細研究船艦的各部構造後，終於覺悟以日本人現在所擁有的知識、技術和工具的水準，根本不可能造出這樣的蒸汽艦。

從此，島津齊彬對造蒸汽艦一事轉趨消極，而幕府也得到了一個結論——**現階段的日本若想擁有蒸汽艦，只有向西方購買一途**。

培里艦隊來日後，幕府曾經與荷蘭商館克魯提斯接觸，詢問他對日本海防的意見。一八五四年，「史慕明號」抵日後，克魯提斯就請「史慕明號」艦長費比斯擬寫了一份對日建議書，交給長崎奉行水野忠德。費比斯的建議大致如下：

一、以日本的地理條件而言，有必要創設洋式海軍。

二、帆船軍艦已經落伍了，現在是蒸汽軍艦的時代。而且西歐的新型軍艦已不採用裝在船舷兩側的外輪葉推進器，而是採用裝在船尾的螺旋槳推進器。

三、為了培養海軍軍官與士兵，日本有必要設立海軍學校，或者派人赴先進國家留學。無論日本採取哪一種方法，荷蘭都願助一臂之力。

四、海軍學校的學生必須學習數學、天文學、物理學、化學等基礎學科，以及測量術、機關術、運用術、造船術、砲術等軍事學科。

幕府收到費比斯的建議後，經過內部幾度商議，決定了三件事：

一、向荷蘭訂購三艘蒸汽軍艦。

二、創立洋式海軍。

三、請荷蘭提供師資，協助日本設立海軍學校（當時的名稱是「海軍傳習所」）。

荷蘭為什麼會這麼熱心幫助日本呢？說穿了也是為了一個「利」字。原來在日本二百多年的鎖國時期，荷蘭一直獨占（除了中國之外）對日貿易。不料培里來航之後，美、英、俄反而後來居上，紛紛與日本簽訂「親善條約」。眼看著貿易大餅即將被其他西方列強瓜分，為了讓「損失」減到最低，荷蘭當然願意討好日本，與日本建立更友善的關係。

因此，當幕府表明購艦要求後，荷蘭立即答應，並且非常大方地把中古蒸汽艦「史慕明號」（後改名「觀光號」）贈送給幕府。「觀光號」成了日本第一艘蒸汽軍艦。至於幕府訂購的二艘蒸汽艦，一艘於一八五七年九月交貨，取名「咸臨號」，另一艘於一八五八年十月交貨，取名「朝陽號」。

一八五五年十二月一日，海軍傳習所在長崎舉行第一期開學典禮。傳習所的教師當然都是荷蘭人，第一期的學生則是包括勝海舟在內的四十多名幕臣。

長崎海軍傳習所前後總共召開三期。第一期自一八五五年十二月起，至一八五七年三月止，約十六個月。第二期自一八五七年二月起，至翌年七月止，約十六個月。第三期自一八五七年十一月起，至一八五九年五月底止，約十八個月。

從此，無論在硬體或軟體，日本總算擁有了一支海軍。這支海軍的規模當然還遠遠比不上西方各國，可是在當時的非西方國家中，卻是數一數二。

第二章 政爭與整肅

「安政大獄」總共處分了一百多人，可說是江戶史上空前絕後的大整肅，在井伊直弼的指示下，判刑之重，超乎時人的預料。

通商條約問題

一八五六年八月，美國駐日總領事哈里斯（Townsend Harris，一八〇四－七八）乘艦抵達下田。幕府接到這個消息後，嚇了一跳。為什麼嚇了一跳呢？

原來在一八五四年的「日美親善條約」中，關於美國派遣駐日總領事一項，日文版與英文版的意思有點兒出入。日文版為「兩國政府認為此事（美總領事駐下田）有必要的時候」，英文版卻是「兩國政府中的一方認為此事有必要的時候」。如果按照前者解釋，美國派遣駐日總領事，事前必須得到日本的同。可是若按照後者的解釋，美國根本不需經過日本的同意。

無論如何，客人已經千里迢迢地上門來了，何況又是理直氣壯地上門，幕府也不好下逐客令。一個月後，幕府同意讓哈里斯駐居下田郊外的玉泉寺。事實上，在幕府還沒正式同意前，哈里斯便已搬進玉泉寺，並於九月四日升起領事館旗（美國國旗）。哈里斯當時在日記上如此寫道：

> 一八五六年九月四日星期四，昨夜由於太過興奮以及受蚊子干擾之故，只睡了很短的時間……今天下午二點半，我升起了這個帝國（日本）有史以來第一面的領事旗。毫無疑問地，新的時代已經在日本展開了。我在心中自問——日本會因此而得到真正的幸福嗎？

哈里斯這一趟赴日身負著一件重要的使命——**與日本締結通商條約**。如前所述，一八五四年的「日美親善條約」並沒有提到「通商」。因為幕府一直不願意與外國通商。為什麼呢？

對幕府而言，「親善條約」所規定的事項並不至於給日本帶來太大的影響。以「開箱館、下田二港，並提供糧食、水與煤炭」來說，外國船隻即使來到這兩個港口，只是與日本官方接觸（由官方提供所需補給物），不至於給日本民眾帶來「壞的影響」（如基督教），而且僅作短暫停留。這樣的條約內容也比較容易讓天皇勉強接受。

然而通商就不一樣了。一旦與外國通商，外國商人勢必在日本長期滯留，而且會與日本民眾作廣泛的接觸。當年，德川家康等人就是因為害怕外國人會「帶壞」日本民眾，才斷然下令鎖國，想不到二個世紀之後，德川家康的子孫還是得面臨同樣的問題。

一八五六年十月二十五日，哈里斯在其抵日二個月後，向幕府提出要求——希望前往江戶晉見將軍，並交涉通商條約問題。幕府對哈里斯駐下田一事本來就很勉強才同意，現在聽到哈里斯又得寸進尺要求赴江戶交涉通商問題，當然更露難色。

恰巧此時中國發生亞羅船事件，引來英法聯軍。一八五七年二月二十四日，荷蘭商館長向長崎奉行告知這個消息，並且提出忠告——幕府如果一味死守「祖法」，不讓外國前來日本貿易，將來很可能會步上中國的後塵。

在這種情況下，幕府的姿態不得不逐漸軟化，而於一八五七年十月一日允許哈里斯前來江戶。十月三十日，哈里斯抵達江戶，十二月七日，晉見幕府第十三代將軍德川家定，作禮貌性的拜會。數天後，哈里斯與當時的首席老中堀田正睦會面（阿部正弘病逝於該年八月），長談了二個小時。

哈里斯首先向堀田正睦分析世界情勢，指出鎖國政策已經落伍了，唯有通商才是富國強兵之道。接著又說，英、法、俄等國遲早會以武力脅迫日本開放通商，而美國則採取和平主義。趁著英法現在正忙著與中國打仗，沒空來日本之前，日本應趕緊和美國簽訂通商條約，如此，西方各國就會比照這個條約，與日本簽約，而免去一場戰禍。最後，哈里斯提出通商條約的三項基本內容：①美國派大使駐江戶，②雙方人民自由貿易，政府官員不得居間媒介，③增開港口。

對於哈里斯的訂約要求，堀田正睦並沒有當場答覆，只說這件事太重大了，必須與其他重臣仔細商討，再作決定。

徵求天皇同意

十二月十六日，堀田正睦將哈里斯的要求內容轉告給各大名，並要他們提出意見。這些大名大多認為與外國通商是無可避免的事。不過，其中有很多人主張應有條件地答應。有人主張應限定期間試辦幾年，看看開放通商會不會給日本帶來不利的影響。有人則認為通商無妨，但大使駐江戶一事卻萬萬不可。

值得注意的是，**很多大名原則上同意，可是卻有一個共同的附帶條件，那就是必須先獲得天皇的許可**。由此可見，日本在面臨這個前所未有的時代劇變關頭，天皇，這個號稱具有「神性」與「萬世一系」的精神上的大家長，其在凝聚人心上的重要性已逐漸浮現——只要天皇同意，本來唱反調的人會因而保持沉默，原本就同意的人也會如虎添翼般更具信心。

就在幕府猶豫不決的時候，苦等了一個月的哈里斯已經按捺不住。他向堀田正睦抗議道：

「我之所以不辭辛勞地來到江戶想與貴政府簽訂通商條約，完全是為了日本的未來。可是，你們卻把我當作囚犯似地丟在一旁，不聞不問，簡直像對待敵人一樣。日本如果無論如何也要堅持鎖國，我只有斷然回國一途。屆時，美國必然不會再派和平使者，而是派大砲與軍艦前來日本。只有砲煙彈雨才能喚醒日本的迷夢！」

堀田正睦看到哈里斯如此大發雷霆，心裡甚是緊張，而且大多數的大名都已表明原則上同意，因此便派幕臣岩瀨忠震與井上清直為日方全權代表，與哈里斯進行交涉。

雙方自一八五八年一月二十五日起，開始交涉，歷經十三次的談判，於二月二十五日達成條約的最後內容，只剩下簽約儀式。此時，日方代表岩瀨忠震告訴哈里斯：

「我們必須先獲得京都天皇的允許，才能簽字。」

哈里斯驚訝地說：

「京都的天皇？將軍不是日本的皇帝嗎？為什麼還要天皇的允許？難道天皇比將軍還大？」

岩瀨忠震說：

「這是日本與其他國家不一樣的地方，很難解釋清楚。我只能說，將軍是實質上的皇帝，天皇是精神上的皇帝，很難說誰大誰小。」

哈里斯：

「將軍無法作主簽約嗎？」

岩瀨忠震：

「平常的政務當然可以作主，可是這事比較重大，如果不先獲得天皇的許可，將來恐怕會產生麻煩。」

哈里斯：

「如果天皇不允許呢？」

岩瀨忠震：

「江戶幕府二百多年來，天皇對將軍一向言聽計從，我們不會讓他拒絕的。」

哈里斯：

「照你這麼說，天皇對將軍不可能拒絕，那請求天皇答應只是一個儀式而已？」

岩瀨忠震：

「對，這只是一個儀式。不過，卻是個重要的儀式，不能馬虎。」

哈里斯：

「我大致了解了。那麼，你們要花多久的時間來完成這個『儀式』呢？」

岩瀨忠震：

「首席老中堀田正睦已經決定親自到京都獲取天皇的許可。把往返所需的時間計算進去的話，大約得花一個多月。」

哈里斯：

「四月中旬可回到江戶嗎？」

岩瀨忠震：

「應該可以。」

哈里斯：

「那麼，我們就定四月十八日為簽約日吧！」

貧窮的天皇

一八五八年三月，首席老中崛田正睦率領幕臣川路聖謨、岩瀨忠震等人抵達京都。崛田和岩瀨一樣，認為要取得天皇的許可應該不是一件困難的事。畢竟二百多年來，天皇一直是幕府的掌中物，德川家康還「教訓」過天皇得專心於學問哩。不過，為了慎重起見，堀田此行特地準備了數額龐大的「運動資金」，打算用來賄賂朝廷的公卿（朝臣）以及天皇，讓他們見錢眼開後沒有任何異議。

當時，朝廷的經濟來源完全被幕府所控制。幕府為了不讓朝廷有多餘的資金（有多餘的資金便表示有能力招兵買馬），把朝廷的預算限縮得很緊，每年只有一萬兩。因此，當時的朝廷實在窮得令人鼻酸。

當時的天皇是孝明天皇（一八三一—六六，在位一八四七—六六）。孝明天皇喜歡喝點兒酒，可是因為太窮，他只能偶爾喝，而且喝的時候是三成的酒加上七成的水，混合著喝。其酒味之淡，不難想像。

朝廷有個傳統習慣，每年的正月初一，天皇便召集各公卿一起用餐，而且料理中一定有一道主菜——雉雞肉。可是有一年實在窮得撥不出錢買雉雞，只好將豆腐烤過之後，抹上一些味噌，「打扮」成雉雞肉的模樣，草草過關。

有一大名聽到這件事後，覺得天皇太可憐了，便送給天皇一些鹽醃的鮭魚。天皇吃了一口鮭魚後，驚嘆道：「天下怎麼有這麼美味的食物？」吃完後，還指著吃剩的魚骨頭，交代臣下說：「這魚骨頭不要丟，我明天要拿這個跟開水泡飯吃。」

天皇既然窮到這個地步，公卿們當然也不例外。可以說幾乎所有的公卿都得找些副業來經營，以彌補家計。有人教和歌、書道，也有人在空白的扇子上畫畫，然後拿去賣。連內大臣三條實萬都在家裡的庭院種梨樹，每年將收成梨子賣給果菜商。最可笑的是明治維新大功臣之一的岩倉具視，他居然把家裡的一部分房間租給外人開賭場。

由於上自天皇，下至公卿，朝廷裡的每一個人都這麼窮，因此堀田正睦對他的賄賂計畫當然信心十足。他透過武家傳奏（武家傳奏的主要工作是替朝廷與幕府傳遞訊息），獻給孝明天皇一萬兩（等於朝廷一年的總預算），以及獻給關白九條尚忠和前任關白鷹司政通各一萬兩。不料，卻沒有人願意接受這筆誘人的鉅款。

原來，孝明天皇自小生長於深宮，對外國情事完全不知，可是他卻滿腦子排外思想，認為西洋人都是夷狄，與貓狗禽獸沒什麼大的差異。日本是神國，怎能讓這些夷狄上岸居住、貿易呢？這樣豈不把聖潔無瑕的神國給弄髒了？

當他聽到崛田正睦帶著鉅款，啟程前來京都要說服朝廷允許通商條約的消息時，寫了一封信給九條尚忠。

假使如夷人所願（通商）的話，這可是天下一大嚴重事情。我若答應了，豈不成為千秋萬世的罪人？如何對得起伊勢神宮（指天皇的老祖宗天照大神，伊勢神宮祭拜的就是天照大神）？如何對得起歷代祖先？……聽說堀田正睦此回上京準備獻上鉅款，那筆鉅款無論如何龐大，我們若因而利令智昏，必然會給天下帶來災難。人的慾望之中，以金錢慾最容易迷惑人心。因為被金錢所迷惑而產生的弊害，有時候還不至於太大，可是這回若被迷惑的話，可就後患無窮了。我們絕不可接受這筆錢，叫堀田正睦拿回江戶。

朝廷瀰漫排外氣氛

除了孝明天皇之外，大多數的公卿也都是排外主義者。天皇曾就應否答應美國的要求一事徵詢上級公卿的意見，結果提出的意見當中，多半是「順從美夷的要求為神州之恥」、「嚴拒對方的要求，不惜一戰」、「與各大名會商，嚴禁外人來日」之類的拒絕反應。

為什麼朝廷上下這麼厭惡洋人呢？原因有下列三點：

一、不只是朝廷，幾乎所有受過漢籍教育的日本人，或多或少都有輕蔑洋人的心理。他們心儀孔孟聖賢之道，也不知不覺地接受了中國儒者夜郎自大的世界觀，亦即「唯有受聖賢之道薰陶的中國才是禮儀之邦，才是文明國家，沒有受過聖賢之道薰陶的外國都是夷狄，與禽獸差不多」。日本自古吸收中華文化，也是受了聖賢之道的薰陶，當然可以「比照」中國，是禮儀之邦，當然也可以蔑視「夷狄」。

此外，為了消除因為面對強勢的中華文化而產生的自卑感，日本人還不時強調自己獨有的優越性，亦即日本擁有「萬世一系」以及「是神的子孫」的天皇，因而是神國，這在全世界是絕無僅有的，連中國也沒有。

無論是向中國儒家「借用」的世界觀也好，日本自己「發明」的神國思想也好，這二種意識形態都在強調自己最優越，旁人差勁到極點。因此，在這二種意識形態的重複激盪下，包括朝廷在內的大多數日本人之所以如此排外，便不難理解了。

二、神國思想是天皇信仰為中心的思想，因此，朝廷自然成為神國思想的大本營。如前所述，「神國思想」幾乎可與「排外思想」劃上等號。而且，朝廷上下久居京都皇宮，很難接收到外界的正確資訊（收到的資訊大多是三手、四手的傳聞）。封閉的環境久而久之便讓朝廷成為日本最封建守舊的集團。

三、強烈主張攘夷的水戶藩前藩主德川齊昭，透過與皇族的裙帶關係（德川齊昭的正室登美宮吉子是皇族有栖川宮家之女），**不斷向天皇灌輸攘夷思想**。而京都的著名儒者梅田雲濱、梁川星巖等人也積極地向公卿鼓吹攘夷思想。

就這樣，堀田正睦抵達京都時，朝廷已經瀰漫著排外、攘夷的氣氛，賄賂攻勢因而挫敗。一八五八年五月三日，堀田正睦進宮參見天皇，請求敕許通商條約，得到的答覆卻是「回去與各大名仔細商議後，再來上奏」。天皇雖然沒有明白表示拒絕，可是已經暗示了拒絕的意思。這是日本人的美學。當某人想拒絕他人的要求時，通常不會明明白白地拒絕，而是拐彎抹角地拒絕。何況二百五十多年來，天皇一直在幕府的槍桿子下苟延殘喘，怎敢拒絕得斬釘截鐵呢？

然而，無論是斬釘截鐵地拒絕，或拐彎抹角地拒絕，對堀田正睦而言，都是一樣的衝擊。他現在可真是進退維谷了。他答應哈里斯於四月十八日簽約，沒想到在京都「運動」了那麼久，與哈里斯約定的期限早都過了，卻仍舊得不到天皇的首肯。他可以想像哈里斯在江戶暴跳如雷的景象。一想到哈里斯動不動就搬出大砲軍艦來恫嚇的態度，堀田就開始頭痛。

幕府面臨危機

照道理講，幕府本來不需得到敕許（天皇的許可），便可逕行和美國簽訂通商條約。理由是江戶幕府自從德川家康以來，一直是日本的實際統治者。幕府所作的任何決策，無論是內政或外交，從來不需要得到敕許。講得難聽一點，在幕府的槍桿子下，天皇算哪根蔥？二百多年前幕府採取鎖國政策時，根本不需要得到天皇同意，為什麼二百多年後，幕府決定解除鎖國政策時，卻必須得到天皇同意？

顯然，就法理而言，崛田正睦上京求取敕許的舉動是錯誤的，而天皇拒絕幕府的外交決策一事更是越權。然而，幕末的非常情勢卻使得堀田的「錯誤」和天皇的「越權」看起來很自然，好像事情本該如此。所謂非常情勢，是指：

一、與十七世紀初期德川家康時代的「夷狄」比較起來，十九世紀中期的「夷狄」強大多了。另一方面，經過二百多年鎖國之後，十九世紀中期日本的軍備反而不如十七世紀初期時的日本。德川家康可以輕易地驅逐「夷狄」，幕末的日本卻完全沒有這個實力。由於敵我力量差距懸殊，幕府無法單獨應付這個危機，只好將天皇與大名拉上政治舞台，共赴國難。尤其是天皇，地位本來就很特殊（日本人精神上的大家長），這下子更成為舉國團結的關鍵人物。堀田正睦之所以上京奏請敕許，實在是時代的氣氛所致。

二、如果培里艦隊來航時，幕府的將軍是一個像德川家康那樣的英雄豪傑，那麼縱然對外無法驅逐外敵，起碼對內可維持幕府的權威，讓天皇與大名沒有插手政治的餘地。不幸的是，培里艦隊來航時，第十二代將軍德川家慶正臥病在床，連講話都講得含含糊糊，別提下什麼決斷了。德川家慶死後，由其子德川家定繼任第十三代將軍。這位德川家定不但不是英雄豪傑，而且還體弱多病，經常無緣無故地發抖。

也就是說，當幕府碰到有史以來最大的危機時，最高領導者——將軍，無論德川家慶或德川家定，竟然都無法扛下重任、作出妥適的決斷，而不得不將這麼大的責任交給老中。而保守有餘，開創不足的前後任首席老中，阿部正弘與崛田正睦，也對重大政策不敢擅下決斷，而採取集思廣益的方式，讓天皇與各大名獲得了政治發言權。

太過強大的外敵，以及太過無能的將軍，加上太過心虛的老中，終於導致幕府權威一天天地下降，以及天皇權威一天天地上升。德川家康若地下有知，必然扼腕長嘆無疑。

將軍繼嗣問題

就在堀田正睦為了得不到敕許而傷腦筋的時候，一場以將軍繼嗣問題為中心的權力鬥爭已經浮上檯面。

如前所述，第十三代將軍德川家定（一八二四—五八）天生體弱多病，看起來不像能活得很久的樣子（果然後來只活到三十四歲）。更糟的是，可能是由於健康不佳而影響了生育能力，德川家定雖然先後娶了三名妻子，卻一直沒有子嗣。因此，趁著德川家定還活著的時候，趕緊找一位繼任後補便成為當時日本政壇的一件大事。

按照幕府的規矩，將軍沒有親生兒子的話，必須從「御三家」與「御三卿」中，挑選一位適當的男子，過繼給將軍當養子，以便未來繼承將軍職位。

德川家康當年把將軍職位讓給三男德川秀忠時，也把尾張藩封給九男德川義直，把紀伊藩封給十男德川賴宣，把水戶藩封給十一男德川賴房。尾張、紀伊、水戶這三家由於與宗家的血緣最近，被稱為「御三家」。一旦德川秀忠以下直系血脈發生中斷，也就是將軍沒有親生子嗣時，便由血緣最近的「御三家」中挑選將軍後補。

可是到了江戶時代中期，「御三家」與將軍的血緣關係愈來愈疏遠，因此在第八代將軍德川吉宗時，便以吉宗的二男德川宗武創設「田安家」，以四男德川宗尹創設「一橋家」，作為將軍後補人選的另外二個「倉庫」。第九代將軍德川家重又以二男德川重好創設「清水家」。田安、一橋、清水這三家便被稱為「御三卿」，與「御三家」同樣是將軍後補的供給站。

在這「御三家」與「御三卿」當中，適合繼任第十四代將軍的後補人選有二個，一個是紀伊家的德川家茂（原名慶福），一個是一橋家的德川慶喜。

德川家茂（一八四六—六六）的父親是德川齊順。德川齊順為第十一代將軍德川家齊的六男，由於紀伊家沒有子嗣，便過繼到紀伊家延續香火。而第十三代將軍德川家定是第十一代將軍德川家齊的孫子，因此，德川家茂便是德川家定的堂弟，他們擁有同一個祖父德川家齊。

第二位候補德川慶喜（一八三七—一九一三）是水戶藩主德川齊昭的七男，一八四七年時，過繼到一橋家，成為一橋家的第九代主人。

如果以血緣的遠近關係來作標準的話，毫無疑問地，紀伊家的德川家茂應該是繼承第十三代將軍德川家定的不二人選。因為家茂與家定是堂兄弟關係，而另一位人選德川慶喜與家定之間卻只是遠房親戚的關係。

可是，德川家茂卻有一個很大的弱點——年紀太輕。一八五三年（這一年，培里艦隊首度來航，第十二代將軍家慶死，第十三代將軍家定即位）時，家茂只有七歲。另一方面，家茂的競爭對手德川慶喜卻已經十六歲。而且，德川慶喜被各方公認為是個才智兼備的優秀青年。

一橋派與南紀派

當時，有兩幫人馬加入了這場將軍繼嗣爭奪戰。擁護德川慶喜的有老中阿

德川氏系圖

（數字為將軍的順位）

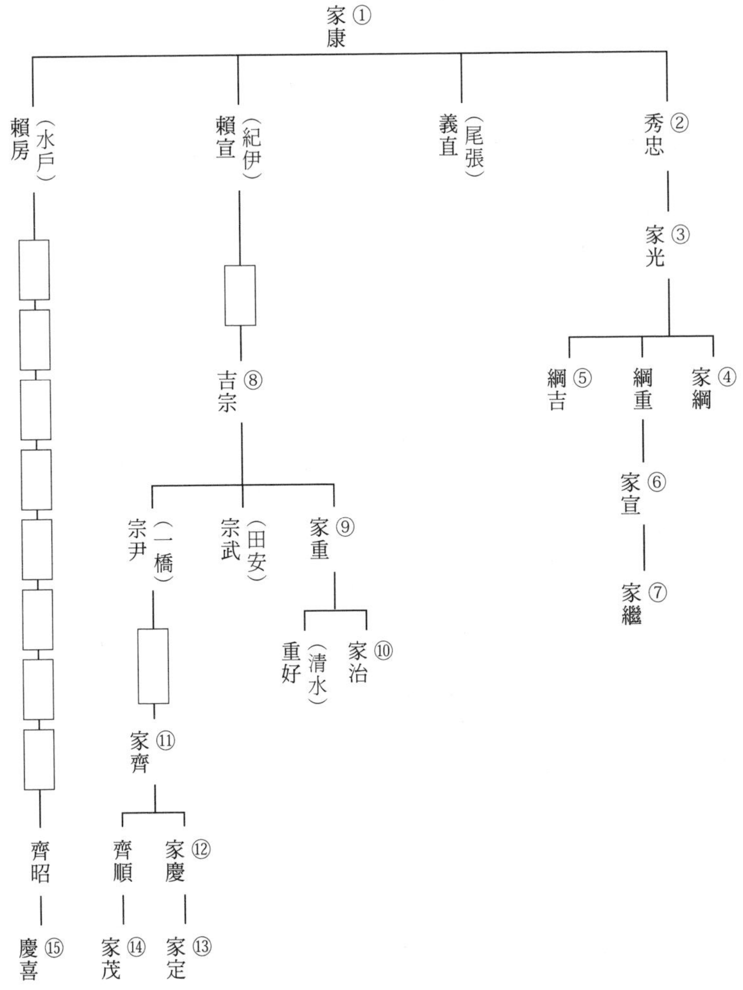

部正弘、水戶藩前藩主德川齊昭（慶喜的父親）、越前藩主松平慶水、薩摩藩主島津齊彬、宇和島藩主伊達宗城、土佐藩主山內豐信、德島藩主蜂須賀齊裕等人，以及幕府官僚中比較開明的川路聖謨、岩瀨忠震、水井尚志等人。這些人被稱為「一橋派」。

「一橋派」認為，現在強敵接踵而至，日本正面臨存亡的關頭，因此一定要有一個英明的領導者——將軍，大刀闊斧地剷除積弊惡習，實施政治改革，帶領全國度過難關。第十二代將軍家慶與第十三代將軍家定都無法負起這個責任，以致使局勢日益惡化，下一任將軍怎能再讓一個乳臭未乾的幼兒——家茂擔任呢？這樣豈不更延誤改革的時機、致使局勢江河日下嗎？現在是非常時期，將軍繼嗣問題絕不能再拘泥於血緣的遠近關係，因此，應該推舉英明有為，年齡又很適當的德川慶喜為下任將軍的後補。

值得注意的是，在「一橋派」的成員當中，島津齊彬、伊達宗城、山內豐信與蜂須賀齊裕這四人是外樣大名，德川齊昭與松平慶永是親藩大名，阿部正弘則是譜代大名出身。換言之，**「一橋派」的重量級成員當中，有一半以上是外樣大名**。

我們曾經談過，外樣大名是德川家康在平定天下時或平定天下之後，才陸續投降稱臣的諸侯。和親藩、譜代比較起來，外樣大名與德川家的關係最為疏遠，對德川家的忠誠度也最低。因此，德川家康對這些外樣大名極為警戒，在分封時，故意把他們封到偏遠地區，以防止他們造反。當然，中央的政務也絕不讓他們插手。

沒想到，二百五十年之後，這些原本一直被幕府壓抑的外樣大名，卻由於培里艦隊的來航，而取得了政治發言權。現在，他們甚至企圖「干涉」德川家的繼嗣問題。這樣的發展豈是德川家康當年所能想像？

與「一橋派」相對抗的是擁護紀伊家德川家茂的「南紀派」（紀伊又稱南紀）。**「南紀派」的主要成員是以彥根藩主井伊直弼**（一八一五—六〇）**為首的幾位譜代大名**。

彥根藩藩祖井伊直政是德川家康的手下愛將，為「德川四大天王」之一。因此，井伊家在所有的譜代大名之中，地位最高，領地也最多，有二十五萬石。

一八五〇年，井伊直弼三十五歲時，繼承長兄直亮成為彥根藩第十三代藩主。井伊直弼的個性相當剛強，他對阿部正弘的「軟弱」作風（自己不敢擅下外交決斷，而向各大名與幕臣徵詢意見）很不以為然，認為中央的政務怎可讓各大名，尤其是外樣大名插手呢？這樣豈不損害了幕府的權威？

井伊直弼擁立德川家茂的理由是，德川家茂是將軍德川家定的堂弟，血緣最近，按照德川家的傳統規矩，家茂當然是下任將軍的不二人選。家茂雖然年幼，無法立即親政，但是老中可在旁輔佐，必要時可設大老，掌控全盤政務。

此外，井伊直弼也很懷疑「一橋派」外樣大名如此積極介入將軍繼嗣問題的動機。井伊懷疑他們想藉這個機會在中央政壇獲取一席之地，甚至重創日本的政治勢力地圖。事實上，井伊的觀察並沒有錯。

活躍的雄藩

從一八五三年培里艦隊來航起，到一八六七年幕府滅亡為止，在這動亂的十四年間，出現了幾個活躍於政治舞台的藩，這些藩被稱為「雄藩」。在「一橋派」的成員當中，越前藩、薩摩藩、宇和島藩和土佐藩都可算是「雄藩」（水戶藩後來因內鬨激烈，當不成雄藩，德島藩也沒什麼表現，算不上雄藩）。此外，還有長州藩、尾張藩、備前藩、安藝藩、肥前藩也算是「雄藩」。

當時，全日本大約有二百六十個藩。為什麼在這麼多的藩之中，只有少數幾個藩成為「雄藩」呢？換言之，成為「雄藩」的條件是什麼？

一、必須有一定的經濟實力。經濟實力可用領地的大小來衡量，領地大的藩（大藩）才有辦法拿出充裕的資金從事政治活動，反之，領地小的藩（小藩）只能站在台下看戲。前面所提的九個「雄藩」，領地都在十萬石以上。毫無疑問都是大藩，尤其薩摩藩，領地七十三萬石，是全日本第二大藩。

二、必須是外樣藩或親藩。因為譜代藩本來就有參與幕府政治的機會，沒有必要出來四處活動，爭取權力。反之，外樣藩二百五十年來一直被排斥在權力圈外，因此當機會來臨時，他們爭取權力地盤的慾望也特別強烈。至於親藩，除了「御三家」可提供將軍後備之外，其他親藩一直無法染指中央權力。「御三家」雖然有機會提供將軍後備，但是那必須在將軍家沒有子嗣的時候。

幕末主要藩位置圖

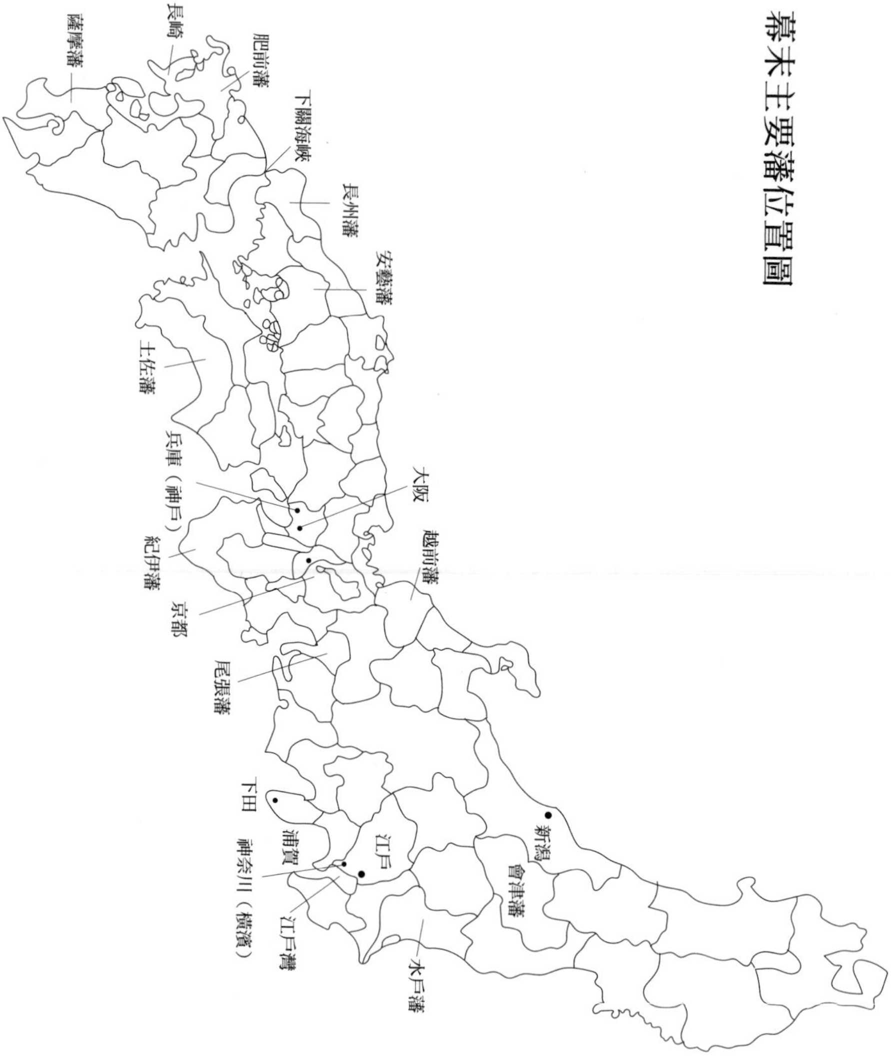
薩摩藩
長崎
肥前藩
下關海峽
長州藩
安藝藩
土佐藩
兵庫（神戶）
大阪
紀伊藩
越前藩
京都
尾張藩
下田
浦賀
神奈川（橫濱）
江戶
江戶灣
水戶藩
新潟
會津藩

事實上，二百五十年來，「御三家」之中的尾張家與水戶家就從來沒有出過一位將軍。

三、對於外國船艦的頻頻來犯必須有強烈的危機意識

十八世紀末期以來，外國船隻頻頻出現於日本四周，甚至登上日本陸地。對這個現象最感到憂心忡忡的自然是擁有綿長海岸線的藩，因為他們首當其衝。以薩摩藩為例，它位於九州南端，不但擁有很長的海岸線，而且其勢力範圍還遠達南方的琉球（沖繩）。一八五三年培里艦隊前往江戶灣之前，便先到琉球探勘，離開江戶灣後，又前往琉球要求琉球政府讓他們在當地興建倉庫，以貯藏煤炭。因此，在各藩當中，薩摩藩的危機意識特別強烈——洋人既然可以到琉球要求東、要求西，當然也有可能到離琉球不遠的薩摩藩要求東、要求西。

有了危機意識之後，第一個想到的當然是如何加強海防。可是無論自己的海防再怎麼充實，其他藩如果不採取同樣的措施，自藩的安全仍然有問題。換言之，自藩的安危已經與整個日本安危息息相關，很難獨善其身。

因此，擁有強烈危機意識的藩，很自然地便會「關心」起幕府的政治，甚至四處活動，聯合與自己的理念相近的其他藩，以影響幕府的人事與決策。

一八五七年，越前藩主松平慶永的手下第一智囊橋本左內（一八三四—五九）在其寫給朋友的信中，提出了改革幕政的構想，以挽救日本。這個構想的主要內容是：第一，擁立德川慶喜為將軍；第二，力行政治改革；第三，移植西方科技，以富國強兵。

在第二項「力行政治改革」方面，橋本左內主張在此非常時期，德川幕府應該拋棄壟斷政權的私心，讓有能力的親藩大名與外樣大名也能入閣，參與政治決策。他提出了一份具體的人事名單：讓越前藩主松平慶永、水戶前藩主德川齊昭與薩摩藩主島津齊彬這三人擔任「國內事務宰相」，讓肥前藩主鍋島齊正擔任「外國事務宰相」，讓尾張藩主德川慶勝與鳥取藩主池田慶德（德川齊昭的兒子，德川慶喜的哥哥）守護京都，以及讓宇和島藩主伊達宗城與土佐藩主山內豐信防衛蝦夷（北海道）。

這是橋本左內的政治構想，也是「一橋派」的政治改革構想。他們想要打破幕府二百五十年來只讓譜代大名擔任幕閣的傳統，而讓有能力的親藩大名與外樣大名（更具體地說，是「一橋派」大名）掌握政權。

這樣的政治改革構想怎會不引起由譜代大名所組成的集團「南紀派」的反

擊呢？在「南紀派」領導者井伊直弼的眼中，「一橋派」這幫人之所以想擁立德川慶喜，其主要目的根本就是想重劃日本的政治勢力地圖，講得露骨一點，就是想奪權（從譜代大名手中）。

於是，在「南紀派」與「一橋派」之間，一場表面上以將軍繼嗣問題為爭執點，檯面下卻是以權力的重新劃分與否為主軸的鬥爭，就這樣展開了。

一橋派的美人計

客觀地來說，「一橋派」的主張比較接近真理。所謂「比較接近真理」，意思是如果「一橋派」的政治構想得以實現——讓比較有能力的人當將軍，讓比較有能力的人進幕閣，會對日本較為有利。然而，對既得利益者「南紀派」而言，不管基於什麼樣的理由（例如，挽救日本），都不願意釋出手中的權力。任何人提出這樣的要求，都是陰謀篡權。

「南紀派」與「一橋派」兩邊的實力可說旗鼓相當。「南紀派」以譜代大名為主，本來就側身於幕府權力圈中，勢力龐大。「一橋派」的成員雖然大多位居幕府權力圈外，較為吃虧，可是人才濟濟，尤其先後獲得了阿部正弘與堀田正睦的支援，更添實力足以和「南紀派」分庭抗禮。

雙方既然旗鼓相當，第十三代將軍德川家定的意向就成為勝負的關鍵。也就是說，德川家定究竟屬意德川家茂，還是屬意德川慶喜，作為他的後繼者？

「一橋派」的中心人物之一島津齊彬為了影響將軍德川家定的意向，想出了一個美人計——他把自己的養女敬子嫁給德川家定，希望透過敬子的媚功來左右大局。不過，島津齊彬是外樣大名，按照幕府的規矩，外樣大名的女兒若嫁給將軍是門不當戶不對，很難被接受。因此，島津齊彬先安排敬子給朝廷右大臣近衛忠熙當養女，再以右大臣女兒的身分，嫁給將軍。在名分上，右大臣與將軍都是天皇的重臣，雙方通婚算是門當戶對。

敬子很順利地成為將軍的第三任夫人，可是她的「間諜」任務卻沒有順利達成。為什麼呢？因為將軍德川家定打從心眼裡就討厭德川慶喜。

德川慶喜不僅被各方公認為是個英明人物，而且長得英俊瀟灑，一表人才。幕府後宮的宮女們每次見到這位英挺的青年時，總是露出仰慕的神色，私下談論起她們的共同偶像時，也難掩欣喜之情。相反地，德川家定不僅體弱多病，而且由於小時候生過痘疹的緣故，臉上坑坑洞洞。無論就外貌、才幹或健康，德川慶喜都遠遠勝過德川家定。因此，德川家定極為嫉妒德川慶喜，連見都不願意見到他，更別提收他為養子，作為自己的接班人。而且，德川家定只比德川慶喜大十三歲，對家定而言，要收一個只比自己小十三歲的青年當養子，的確有些尷尬。

另一方面，紀伊家的德川家茂比德川家定小二十二歲。對家定而言，這樣的歲數差距感覺起來才像「父子」。而且，德川家茂還只是個平平凡凡的幼兒，不像德川慶喜那麼「搶眼」，會刺痛家定的自卑感。

對「一橋派」來說，如果連最具關鍵性的將軍都已倒向「南紀派」，屬意德川家茂作為自己的接班人，那還有什麼戲可唱？他們為此而陷入焦躁、不安——難道第十四代將軍候補真的得由一個幼兒擔任嗎？難道幕府政權仍舊得被譜代大名把持嗎？難道日本面臨了這麼大的危機，卻仍舊無法擺脫傳統的窠臼，無法大刀闊斧地實施政治改革以因應變局嗎？

祭出天皇牌

「一橋派」不願就此認輸，他們祭出了最後一張王牌，以力挽狂瀾。這張王牌就是天皇——策動天皇，請天皇下聖旨指定德川慶喜為將軍德川家定的接班人。

這是「一橋派」的最後一張王牌，然而卻是一張很沒把握的牌。為什麼呢？首先，天皇不見得會答應「一橋派」的要求，介入將軍繼嗣問題。其次，即使天皇答應，並下聖旨，這個聖旨究竟有多大的效用還是個很大的疑問。換言之，幕府會准許天皇干涉幕府的「家務事」嗎？二百五十年來，只有幕府干涉過天皇的繼嗣問題，從來就沒有一位天皇「敢」干涉將軍的繼嗣問題。

不過，至少就「一橋派」會想到抬出天皇來扭轉劣勢這一點來說，便可知道當時孝明天皇的權威，與二百五十年來歷代天皇的權威相比，已經不可同日而語了。

一八五八年三月，老中崛田正睦帶著三萬兩賄賂金前往京都，求天皇敕許通商條約時，越前藩主松平慶永便派遣他的第一智囊橋本左內，薩摩藩主島津齊彬也派遣得力助手西鄉隆盛（一八二七—七七），兩人攜手跟在堀田正睦後面，也前往京都。不用說也知道，橋本與西鄉的任務是要設法讓天皇下旨指定德川慶喜為將軍後繼人選。

「南紀派」的首領井伊直弼獲得這項情報後，也趕緊派出他的心腹長野主膳前往京都「活動」。對井伊直弼而言，萬一天皇真的被「一橋派」蠱惑成功，出面干預將軍繼嗣問題，那事情可就棘手了。因為天皇的權威日漸上升是個不爭的事實，以「一橋派」為首的各大名又愈來愈不「聽話」，如果這兩股勢力結合在一起，共同對抗幕府，好不容易居於優勢的「南紀派」很可能會因而轉趨劣勢。

當時的朝廷有三百多位公卿。這些公卿大致可區分為上級公卿、中級公卿與下級公卿三類。在上級公卿之中，尤其以「五攝家」（近衛、九條、二條、一條、鷹司）的地位最高。只有「五攝家」才有資格擔任「攝政」或「關白」這兩個朝廷內最高的官職。孝明天皇在位的期間（一八四七—六六），關白一職便是先後由鷹司政通、九條尚忠、近衛忠熙、鷹司輔熙與二條齊敬五人擔任。

「南紀派」的長野主膳以及「一橋派」的橋本左內、西鄉隆盛等人當然都不可能直接見到天皇。因此，雙方人馬便以「五攝家」為主要目標，進行說服工作，希望透過「五攝家」或其他有力公卿來影響天皇的意向。長野主膳的「工作」對象是當時的關白九條尚忠。西鄉隆盛的對象是與薩摩藩島津家有姻親關係的近衛忠熙。橋本左內則與朝彥親王和三條實萬（三條家屬於「清華家」，「清華家」在朝廷的地位僅次於「五攝家」）接觸。此外，橋本又跑去見堀田正睦，與堀田達成協議，堀田幫助「一橋派」，設法說服天皇下旨指定德川慶喜為將軍後繼者；橋本左內也幫助堀田，透過他的人脈關係說服天皇允准通商條約。

就這樣，一場以天皇為中心的拔河比賽在京都展開了。

對孝明天皇而言，如前所述，他極端厭惡洋人，因此絕不願允准通商條約；另一方面，在將軍繼嗣這個問題上，他卻漠不關心，認為那是幕府的家務事，何必要他這個「局外人」出面表達意見？然而，「一橋派」與「南紀派」正透過他周遭的公卿來爭取他的「意見」，這樣的形勢已讓他無法置身事外。換言之，從這時候起，無論天皇本身願不願意，他已經成為舉足輕重的政治人物，他必須對某些敏感的政治問題表示意見——即使他根本不了解這些政治問題的本質與背景，即使他根本無法判斷表示某項意見之後的可能結果。

京都的拔河比賽起初是「一橋派」獲得優勢——天皇總算答應下聖旨表達對將軍繼嗣問題的意見。「一橋派」希望天皇最好能夠在聖旨中具體指名德川慶喜為將軍後繼人選，如果天皇認為具體指名不太妥當，那麼起碼得列出「英明、人望、年長」三個將軍後補的條件。不用說，「英明、人望、年長」當然是指德川慶喜。天皇果然採用這種比較委婉的表達方式。

可是，在最後關頭，孝明天皇卻經不起關白九條尚忠的苦苦相勸，而將「英明、人望、年長」等字眼完全剔除，改成「國家當前正處多事之秋，只要能早一點確立將軍養子就行了」。

這一改，使得「一橋派」在京都的「工作」前功盡棄。

一八五八年六月一日，堀田正睦回到了江戶。他這一趟的京都之行，既沒達成讓天皇允准通商條約，又沒達成讓天皇指定德川慶喜為將軍後繼，內心之懊惱可想而知。不過，此時他已決定加入「一橋派」的陣營，因此一抵達江戶城，便立刻晉見將軍德川家定，向將軍大力推薦松平慶永擔任「大老」一職。

這當然是「一橋派」在京都挫敗之後，處心積慮想出的一著妙棋——即使將軍後繼落在「南紀派」德川家茂身上，只要「一橋派」能夠獲得「大老」（地位在老中之上，情況特殊時才設立）職位，由於德川家茂還只是個小孩，「一橋派」仍舊可掌握幕府政權。

可是，「一橋派」哪裡曉得，在堀田正睦前往京都的這一段期間，「南紀派」便趁機在將軍身上下功夫，讓將軍完全倒向「南紀派」。因此，任憑堀田正睦怎麼賣力說服，德川家定就是不點頭。而且，三天之後（六月四日），德川家定宣布指派井伊直弼為「大老」。

這個消息對「一橋派」而言可真是晴天霹靂。如今，不但是將軍後繼，連「大老」這個具有無比權力的職位都落到「南紀派」手裡。他們爭了半天，什麼也沒爭到。

舉兵計畫夭折

此時，薩摩藩主島津齊彬再也按捺不住，他決定採取一項驚人的舉動——

以「護衛天皇」為理由，率大軍前往京都，把京都朝廷置於掌中，然後再以天皇的名義命令幕府實行「政治改革」。如果幕府不從，便以武力討伐。屆時，薩摩藩不但擁有「一橋派」各藩的奧援，手上更握有「天皇」這張王牌，應該有幾分勝算。

這當然是一著險棋。但是，對島津齊彬而言，這樣總比眼睜睜地看著「將軍後繼」和「大老」落在「南紀派」手裡，自己卻一籌莫展好多了。

七月二十八日，島津齊彬命令西鄉隆盛前往關西為舉兵一事佈局。八月十五日，西隆隆盛抵達大阪，可是卻發現幕府的密探盯得很緊，讓他無法放手「工作」。八月二十二日，西隆隆盛潛入京都，與梁川星巖商討情勢，兩人最後得到的結論是：局勢急速惡化，薩摩藩應該立即舉兵。哪裡曉得，島津齊彬竟然於八月二十四日病亡，享年四十九歲。舉兵計畫因而夭折。

島津齊彬是幕末各藩中，最開明，也最有遠見的藩主。培里艦隊來航後，日本瀰漫著一股排外攘夷的氣氛，島津齊彬卻力排眾議，主張開國。而且他的開國主張與幕府的不一樣，幕府是受培里艦隊的脅迫，不得已才開國，島津主張的卻是積極的開國。

島津齊彬對西洋事物極感興趣。他曾經告訴近側：「物理與化學是經濟的根本，今後的經濟應該以這兩種學問為基礎。」由此可見他對西洋文明的認識絕不止於皮毛。

島津齊彬是一八五一年四十二歲時，繼承父親島津齊興，成為薩摩藩主。他一上台，就延聘高野長英、川本幸民等著名的蘭學者到薩摩藩來，從事物理與化學的研究工作。這些蘭學者的研究成果相當輝煌，他們不但翻譯了很多蘭書，而且還根據這些蘭書成功地製造出硫酸、鹽酸、硝酸、火藥、玻璃、陶瓷器等，並且也從事電信的實驗與照相術的研究。一八五二年，島津齊彬下令建造反射爐與洋式熔礦爐，以煉製鋼鐵。煉製成的鋼鐵便用來製造洋式大砲。

一八五七年，島津齊彬把所有的研究成果集中在一起，設立一個包括研究、實驗與製造三項目的科技園區，取名為「集成館」。當時，在「集成館」工作的員工總共多達一千二百人。

此外，島津齊彬深感海防的重要性，因此也花了不少心血來從事洋式軍艦的研究與建造。在他的努力下，薩摩藩成立了一支雄冠各藩僅次於幕府的海軍艦隊。

島津齊彬從一八五一年即位起，到一八五八年去世止，總共在位七年。在這七年期間，他讓薩摩藩擁有了當時全日本最精良的槍、砲與軍艦。除了幕府之外，薩摩藩的軍備已經是全日本最雄厚的。這就是為什麼他敢下出「舉兵」這著險棋的最大原因。

這樣英明而有遠見的人物，竟然在他把舉兵計畫付諸實行的前夕病故，這不僅是薩摩藩或「一橋派」的一大損失，也可說是日本的一大損失。如果島津齊彬能夠多活幾年，如果他能舉兵成功並掌握幕府政權，日本邁向現代化的途徑或許會更為平坦順利些。

違敕簽約

井伊直弼就任大老後，他面臨的第一個問題就是如何解決與美國之間的通商條約問題。堀田正睦原先答應哈里斯於四月十八日簽約，可是這個日期早就過了，堀田正睦卻從京都空手而回。堀田回到江戶後，趕緊低聲下氣跟哈里斯賠不是，並且告訴哈里斯天皇那邊有點兒頑固，不太容易點頭，不過幕府絕對有信心說服天皇，請哈里斯再忍耐幾個月。哈里斯此時也比較清楚日本政情的複雜，便同意把簽約期限延後到九月五日。

井伊直弼聽完堀田正睦的報告後，趕緊派心腹長野主膳再度前往京都，與關白九條尚忠聯手進行說服天皇的工作。

可是堀田正睦與哈里斯約定之後還不到二個月，七月二十八日，哈里斯突然向幕府要求立刻簽約。

原來，哈里斯從江戶回到下田後，得知了一件重大的消息——中國自去年起與英法聯軍之間的戰爭，到了這年五月，由於英法聯軍占領大沽砲台，直逼天津，中國不得不豎起白旗，並於六月與英、法、美、俄簽訂四國天津條約，條約的主要內容為：①公使入駐北京；②外人得入內地遊歷傳教；③加開營口、煙台、淡水、汕頭、瓊州為口岸，長江開放通商；④確定領事裁判權；⑤修改稅則；⑥對英賠款四百萬兩，對法賠款二百萬兩。

而且，消息來源指出，英法兩國很可能會挾著勝利的餘威，派遣艦隊到日本來要求簽訂通商條約。

哈里斯聽到這個消息後，心裡甚是焦急。他從一八五六年八月抵日赴任以來，為了與日本簽訂通商條約，不斷地與幕府官員折衝周旋，軟的、硬的什麼手段都用上了，二年下來，卻還沒達成任務。如果英、法派艦隊赴日，很輕易地獲得通商條約，那他這二年的心血豈不白費？

因此，哈里斯趕緊與岩瀨忠震、井上清直見面，把上述消息加油添醋地告訴這兩人，並且說，英法艦隊來日後，一定會提出比美國更為苛刻的條約，而且這二國動輒以武力相向，日本勢必得照單全收。因此，日本最好盡快與美國簽訂通商條約，等英法艦隊來日之後，美國願意居間調停，讓英法也比照「日美通商條約」簽訂條約。

於是，在哈里斯的恫嚇下，一八五八年七月二十九日，日美雙方在美艦波哈坦號上，簽訂「日美親善通商條約」。條約的主要內容為：①公使入駐江戶；②橫濱、長崎、新潟、兵庫（神戶）開港，江戶、大阪開市，自由貿易；③美國擁有領事裁判權；④劃定外國人居留地；⑤關稅採取協定制，稅率原則上定為二〇％。

值得注意的是：

第一，很明顯的，這是個不平等條約。日本不但喪失關稅自主的權利，而且美國人在日本觸犯法律時，日本政府也無權審判。這樣不平等的條約，日本必須花半個世紀以上的努力，才達成改訂。

第二，由於哈里斯再三地催促、恫嚇，幕府不得不在尚未獲得天皇許可的情況下，逕行與哈里斯簽約。這件事引起了極大的後遺症，使日本國內的局勢更加失控。

條約簽訂之後，幕府草擬了一份關於此次與美簽約的報告，由五名老中具名，派飛腳（郵差）送往京都朝廷。

孝明天皇接到這份報告書後，大為震怒。他固然為幕府沒得到他的許可就與洋人簽約而生氣，更令他憤怒的是，這麼重大的事情，幕府竟然沒有派特使前來向他報告，而只是派飛腳來，在幕府的眼中還有他這個天皇嗎？（他忘記了二百五十年來，幕府的眼中便一直沒有天皇。當然，這是時代的氣氛使他忘記了這點，讓他認為幕府「本來」就該尊重他。）

朝廷內的大多數公卿也極為憤慨，認為幕府以如此草率的方式傳達如此重要的報告，實在太目無天皇了。朝廷上下充滿了一片反幕的情緒。

八月一日，也就是簽約三日後，井伊直弼召集了各諸侯，宣布簽約之事。翌日，宣布罷免老中堀田正睦，遺缺由鯖江藩主間部詮勝就任。井伊直弼罷免堀田正睦的理由，表面上是因為堀田沒有從天皇那兒取得條約敕許，必須負起失敗的責任，真正的理由則是因為堀田的態度已經很明顯地與「一橋派」同個鼻孔出氣，對井伊直弼的獨裁體制而言，非除掉不可。

井伊直弼沒有得到天皇的敕許就下令簽訂通商條約，而天皇很明顯的是反對簽約，因此井伊直弼的這項行動便被稱為「違敕簽約」。「一橋派」在獲知這個消息後，一方面固然覺得很憤慨，另一方面卻也暗自竊喜，自認逮到一個攻擊井伊政權的大好機會。

此時，幕府已決定於八月四日宣布立德川家茂為將軍繼嗣。

繼嗣前夕的談判

八月三日清晨，越前藩主松平慶永前往井伊直弼的宅邸談判。松平慶永打算藉「違敕簽約」為攻擊題材，逼迫井伊在將軍繼嗣上做出讓步。

「幕府已經和美國簽訂條約，可是聽說這事並沒有得到朝廷的准許。」

井伊直弼回答道：

「這件事的確沒得到朝廷的准許。不過，我前天已經派人赴京都奏請天皇許可了。」

松平慶永：

「這樣豈不是順序顛倒？先簽訂條約，再奏請天皇許可，天下哪有這種道理？」

井伊直弼：

「的確是順序顛倒，可是事情實在太急迫，我只好當機立斷。如果拒絕簽約的話，便會引發戰爭，一旦引發戰爭，我國便很可能會步上清國（中國）的後塵。為了避免戰爭，我不得不簽約。」

松平慶永：

「無論如何，你沒經過天皇的允許就與洋人簽約，就有獨斷獨行之嫌。就算洋人再怎麼催促，你受了他們的恫嚇，便怕得乖乖點頭，違反了家康公以來的規矩，糟蹋了將軍家的威信，這樣子的做法能夠被原諒嗎？」

此時，江戶城傳來了鼓聲（提醒百官進城上班的訊號）。

井伊直弼：

「鼓聲響了，我得進城辦公。這事改天再談吧！」

松平慶永：

「那我也跟你一起進城。」

井伊直弼：

「可是你也知道，今天不是大名的進城日。」（大名有一定的進城日）

松平慶永：

「是不是進城日並不重要，重要的是國家大事。我還得跟你談談將軍繼嗣的問題。」（這才是松平慶永真正想談的）

井伊直弼：

「這件事將軍早已決定了，還有什麼好談？」

松平慶永：

「無論如何我必須再跟你談談此事，一起進城吧！」

井伊直弼：

「我今天很忙，何況照規定，你今天不能進城，改天吧！」說完，便轉身往外走。

松平慶永：

「等等！條約的事，還有將軍繼嗣的事，這二件事都是國家大事，怎能夠改天再談？你晚一點進城，等談完再走。」

井伊直弼：

「照規定，進城必須準時，我可不願遲到。」說完，繼續往外走。

松平慶永趕緊抓住井伊直弼的衣袖，說：

「只有小官才在意是否準時進城。你身為大老，而且又是在談這麼重要的事，稍微晚一點進城，沒人會說你怠惰。」

井伊直弼：

「就是身為大老，才更應該準時進城。我晚一分鐘進城的話，國家政務就延誤一分鐘。請放手，得罪了！」說完，便用力甩開松平慶永的手，直奔停在門口的轎子。

松平慶永眼看留不住對方，便趕緊坐進自己的轎子，跟在井伊直弼後面進城。

這天，除了松平慶永外，德川齊昭（水戶藩前藩主）、德川慶篤（水戶藩主，德川齊昭之子）與德川慶勝（尾張藩主）也紛紛進城。他們採取的戰術和松平慶永一樣，首先以「違敕簽約」為攻擊的理由，將井伊直弼痛罵一頓，然後要求：①重用松平慶永；②暫緩宣布將軍繼嗣；③改立德川慶喜為將軍繼嗣。可是，老謀深算的井伊直弼怎會答應呢？在口沫橫飛的指責聲中，他很機巧地一一予以回絕。

按照幕府的規定，這天是三卿（田安、清水、一橋）的進城日。身為三卿之一的德川慶喜自然也進城了。他也和父親德川齊昭等人一樣，當面指責井伊直弼為何「違敕簽約」。不過由於涉及自身的利益，他倒沒有提到將軍繼嗣的問題。

翌日（八月四日），幕府命令各大名進城，正式宣布立德川家茂為將軍繼嗣。

至此，「一橋派」的努力終告全盤敗北。「一橋派」的成員死的死（阿部正弘、島津齊彬），下台的下台（堀田正睦），大老與將軍繼嗣又全給「南紀派」拿走，現在已毫無抵抗的能力了。

然而，井伊直弼卻不因此滿足，他正在擬定一個徹底摧毀「一橋派」以及其他任何反對勢力的計畫。他相信唯有這樣才能穩固幕府的統治基礎，讓幕府的權威恢復到培里艦隊來航前的狀況。

此時，原本就體弱多病的將軍德川家定患了腳氣病，而且病情日漸惡化，隨時有斷氣的可能。井伊直弼因而決定在將軍去世之前，發動他的整肅計畫，以免夜長夢多。

剷除異己

八月十三日，井伊直弼以已經奄奄一息的將軍（第二天去世）的名義，宣布對以下各人的處罰：

德川慶勝　隱居（讓出藩主位）、反省（在家反省，不得隨意外出）
德川齊昭　反省
德川慶篤　禁止進城
德川慶喜　禁止進城
松平慶永　隱居、反省

這是個相當驚人的整肅行動。「御三家」之中的尾張家（德川慶勝）與水戶家（德川齊昭、德川慶篤），「御三卿」之中的一橋家（德川慶喜），外加一個親藩（松平慶永），竟然同時被處罰。這在江戶幕府二百五十年來是前所未有的事。由此可見井伊直弼剷除異己的魄力。

井伊直弼原以為這下子一定可收到震懾人心的效果，讓失控的局面恢復正軌。沒想到不久之後就從京都傳來朝廷強烈反彈的消息。

自從培里艦隊來航，以及阿部正弘、堀田正睦前後任首席老中採取「廣徵眾議」的政策後，有強烈企圖心的大名（如「一橋派」）紛紛躍上政治舞台。在他們的「示範」下，很多熱血沸騰、憂國憂民的各藩藩士也開始採取積極的「救國」行動。這些藩士被稱為「志士」。和朝廷一樣，他們也深受「神國思想」與「儒家世界觀」（洋人都是夷狄）的影響，加上培里來航時的態度的確蠻橫無理，因此這些志工（除了像橋本左內這樣的極少數例外）幾乎都是強烈主張攘夷。

除了「攘夷」之外，他們還主張「尊王」（尊敬天皇）。尊王思想來自於儒家思想。日本自古深受儒家思想的影響，到了江戶時代，儒家思想幾乎已經成為日本思想界的主流。可是若以儒家思想為尺度來衡量江戶時代的政治形態，則任何腦筋清醒的人都將發現其中大有問題。怎麼說呢？

儒家思想最講究「秩序」，君、臣、父、子的「秩序」絕對亂不得。臣必須忠於君，不忠於君的臣就是逆臣，逆臣人人得而誅之。以這種儒家思想為標準的話，天皇應該在日本擁有至高無上的地位與權力，將軍只是天皇的臣下之一，必須唯天皇之命是從，否則便是逆臣。然而江戶時代剛好相反，將軍握有至高無上的權力，天皇則唯唯諾諾像個小媳婦。

這是個非常、非常大的矛盾。包括統治者（幕府）自己在內，大多數的日本人都很尊奉儒家思想，可是實際上的政治形態卻與儒家思想中最重要的「秩序」理念背道而馳。

以鑽研儒書為職志的日本儒者不可能沒有發覺到這個矛盾現象。可是武人掌政、天皇退居幕後又是個無法改變的事實。這個事實不是一、兩天的事，而是遠自十二世紀末期以來就一直存在的「傳統」。天皇親政固然是更古老的「傳統」，可是這個古老的傳統由於年代太過久遠，早已被「新傳統」所掩蓋，因而只在人們的腦海中留下極為模糊的記憶。

如果十二世紀末期以來的武人統治者能夠效法中國的英雄豪傑，把皇帝(天皇)幹掉，自己取而代之，成為名副其實的皇帝，那事情便簡單多了。偏偏這些包括德川家康在內的武人統治者下不了這個決心，而滿足於實際的政治權力。結果，從十二世紀末期以後，日本出現了一個令外國人很難理解的政治現象——日本有二個皇帝，一個是實際上的皇帝(幕府)，一個是精神上的皇帝(天皇)，前者在名義上雖然是後者的臣子，可是後者卻完全受制於前者，簡直就像前者的臣子。

由於政治理想(儒家思想)與政治現實(將軍與天皇間的倒錯關係)存在著如此大的矛盾，因此，雖然早在江戶時代初期，水戶藩便已提出「尊王」的主張，但是當時的尊王論卻甚為抽象空洞(講得太具體會危及幕府的政治基礎)，徒具形式而已。

可是到了江戶時代末期，尤其是培里艦隊來航後，日本陷入了空前的危機，加上幕府又無法有效地因應這場危機，讓洋人予取予求，天皇的重要性因而開始顯現。本來源自於儒家思想，內容曖昧不明的尊王論，這時突然脫胎換骨，變成一項具有強烈號召力的政治主張，亦即，**以日本人精神上的大家長——天皇為中心，團結全國的力量**（包括幕府與二百六十個藩），**共同抵禦外侮**（攘夷）。

「尊王攘夷」因而成為各藩志士的共同口號。必須注意的是，這些志士雖然主張尊王，可是在初期階段卻還沒推翻幕府的想法（這種想法要晚一點才逐漸顯現）。他們雖然對幕府的種種措施極為不滿（例如，讓洋人予取予求，違敕簽約，以及將軍繼嗣問題），可卻還沒有不滿到非推翻幕府不可的程度。為了糾正幕府的「失政」，他們所想到的唯一手段，就是說服朝廷出面，以天皇的權威左右幕政。

因此，培里艦隊來航之後，京都就逐漸匯集了來自各藩的志士。他們有的是奉主人（大名）之命，來這兒從事政治工作（如橋本左內、西鄉隆盛），有的則是憑著滿腔的救國使命感，來這兒結交同志、交換情報。就這樣，京都成了各路英雄大串聯的場所。

如前所述，由於井伊政權違敕簽約，而且又以很馬虎的方式（飛腳）通知朝廷，此事讓天皇極為震怒。井伊直弼整肅德川齊昭等人的消息傳到京都後，朝廷上下以及京都的志士們更加憤慨，認為井伊直弼實在太過專權霸道了。

下詔書事件

於是，在志士以及攘夷派公卿的策動下，天皇下詔書給幕府和水戶藩。詔書的內容大致是：

一、責備幕府不該與美國簽約，以及不該處罰德川齊昭等人。
二、幕府今後應該多與各大名商議國策，以團結力量，抵禦外侮。
三、以上內容，請水戶藩代為轉達給三家、三卿、親藩以及被幕府處罰的人士。

這份詔書的內容當然很令井伊直弼不滿，更令他吃味的是，同樣的詔書，水戶藩於九月十四日便已收到，幕府卻於九月十六日才收到，晚了二天。原本天皇直接下詔書給藩就是一件極不尋常的事（二百五十年來從未發生過），同樣的詔書，水戶藩竟然比幕府早二天收到，這令井伊直弼有「天皇重水戶、輕幕府」的感覺。

無論如何，下詔書一事已經充分表明了天皇對井伊政權的不友善態度。對井伊直弼而言，這是一大衝擊。然而，還有一件事令他震驚，那就是關白九條尚忠的辭職事件。

在朝廷的公卿之中，關白九條尚忠的親幕色彩相當濃厚。當「一橋派」與親「一橋派」的各公卿策動天皇下聖旨，要幕府選擇具有「人望、英明、年長」三條件的人（德川慶喜）為將軍後繼的時候，若不是九條尚忠百般阻撓，這件事早已成功。因此，親「一橋派」的公卿對九條尚忠極為不滿。「違敕簽約」事件發生之後，這些公卿就把一肚子氣發洩在九條尚忠身上，聯手逼迫九條尚忠辭去關白職位。

九條尚忠在寡不敵眾的情況下，不得不答應辭職。可是按照當時的規定，關白的更替必須先得到幕府的批准。井伊直弼當然不會准許親幕派的九條尚忠辭去關白，九條尚忠因而得以繼續留任。然而，這件辭職風波已經足以讓井伊直弼膽戰心驚。

下詔書事件與關白辭職事件，這二個事件讓井伊直弼深深地體認到即使在肅清「一橋派」各大名之後，他的統治權威仍舊被另一股勢力——朝廷所挑戰、威脅。而根據他的心腹長野主膳從京都傳回來的情報，朝廷之所以會對井伊政權採取不友善的態度，主要的禍因是在於京都的志士與朝廷的部分公卿沆瀣一氣，千方百計地煽動天皇與幕府對立之故。

安政大獄

因此，井尹直弼決定在京都發動另一波的整肅行動，把所有的陰謀分子——反幕的志士與公卿掃除一空，以恢復幕府的威望。

肅清「陰謀分子」的工作由老中間部詮勝、京都所司代（幕府派駐京都，負責京都治安的最高指揮官）酒井忠義以及長野主膳三人主持。

十月十三日，肅清運動展開。第一個逮捕的是對公卿有極大影響力的攘夷志士梅田雲濱。第二個逮捕的對象是儒者梁川星巖，可是梁川星巖卻很「幸運」地於數天前死於霍亂。京都的志士們聽到幕府已經採取逮捕行動的消息後，紛紛作鳥獸散，逃離京都。可是幕府怎肯就此罷休？除了繼續在京都、江戶大肆逮捕外，更下令各藩交出逃回去的「陰謀分子」。

除了志士外，井伊直弼也下令逮捕公卿。左大臣近衛忠熙、右大臣鷹司輔熙、前關白鷹司政通以及前內大臣三條實萬得知這個消息後，覺得被人逮捕太失尊嚴，便向天皇請奏自願出家當和尚。孝明天皇不忍讓這些大臣出家，因而遲遲不肯答應。一八五九年三月，酒井忠義交給關白九條尚忠一份名單，要天皇照著這份名單處罰，名單上寫著：

朝彥親王　反省

鷹司政通（前關白）　隱居、出家、反省

三條實萬（前內大臣）　隱居、出家、反省

近衛忠熙（左大臣）　辭官、出家

鷹司輔熙（右大臣）　辭官、出家、反省

孝明天皇雖然極力與幕府討價還價，可是在幕府的堅持下，最後還是幾乎完全遵照幕府的原案，以天皇之名下令處罰。孝明天皇心中的委屈與無奈可想而知。

此外，一條忠香、二條齊敬、近衛忠房、久我建通、中山忠能、三條實愛等公卿也被下令「反省」。

逮捕行動結束後，井伊直弼指派了五位高級幕臣，組成審判團，對那些被冠以「陰謀叛亂」罪名的志士，進行審問、斷罪的工作。五位審判官中，有人主張嚴罰，有人主張輕罰，意見不一。井伊直弼便把主張輕罰的審判官統統撤職，代之以主張重罰的幕臣。

審判團的判決分三次宣布，即一八五九年九月二十三日，十一月一日，十一月二十一日。被處罰的主要人物如下：

〔大名部分〕

德川齊昭（前水戶藩主）　永遠隱居

德川慶喜（一橋家主）　隱居、反省

德川慶勝（尾張藩主）　隱居、反省

松平慶永（越前藩主）　隱居、反省

山內豐信（土佐藩主）　反省

〔志士部分〕

安島帶刀（水戶藩家老）　切腹

茅根伊予之介（水戶藩士）　死刑

鵜飼吉左衛門（水戶藩士）　死刑

鵜飼幸吉（水戶藩士）　獄門（處死後，把首級掛在木架上示眾）

鮎澤伊太夫（水戶藩士）　流放遠島

橋本左內（越前藩士）　死刑

賴三樹三郎（著名儒者賴三陽之子）　死刑

吉田松陰（長州藩士）　死刑

當時的年號為「安政」，所以後人就把這場大整肅稱為「安政大獄」。「安政大獄」總共處分了一百多人，包括大名、公卿、各家家臣、幕臣、藩士、儒者、和尚、商人等，可說是江戶史上空前絕後的大整肅，而且在井伊直弼的指示下，判刑之重，超乎時人的預料。

井伊直弼為什麼要發動這麼大規模的整肅，而且又堅持處以重刑呢？理由只有一個——他要恢復幕府的權威。他無法忍受「不在其位」的人「干涉」幕政。大名與公卿的干涉幕政已經讓他難以忍受，何況連藩士、浪人、和尚都跑來起鬨、鼓譟。如果不斷然採取措施，讓這種干涉幕政的風氣繼續發展下去的話，幕府的權威必然愈來愈低落，直到完全喪失統治能力為止。因此，站在幕閣閣揆的立場，加上井伊直弼個人的剛直性格，「安政大獄」可說是必然的結果，其間的是非曲直很難一口斷定。

然而，井伊直弼還是錯了。他錯估了形勢。日本當時的形勢已經註定幕府的權威非低落不可，而且是愈來愈低落，即使德川家康在世也無法挽回。

如果井伊直弼是在培里艦隊來航時擔任大老，或許還有可為（指維持幕府權威），可是在歷經阿部正弘、堀田正睦兩位首席老中「廣徵眾議」的政策之後，朝廷、雄藩大名以及滿腔熱血的攘夷志士紛紛躍上了政治舞台。在「救國」這個至高無上的使命感的驅使之下，這些人一旦上了舞台就再也趕不下去了——無論如何打壓、整肅。而且愈是打壓、整肅，愈是激起他們對幕府的敵意。**「安政大獄」之後，攘夷志士不但沒有因而畏懼退縮，反而採取了更激烈的抗爭手段——暴力、暗殺**。而井伊直弼就是死於攘夷志士的暗殺，這哪裡是他當初發動大肅清時所能預料？

不過，必須注意的是，「安政大獄」之後，攘夷志士雖然走向激烈的抗爭方式，可是他們的主人（大名）卻不一定同意這種方式。對大名而言，他們雖然不滿幕政（尤其不滿井伊直弼主導下的幕政），可是畢竟也是現存體制下的既得利益者，因而不願見到這個體制有太過劇烈的轉變，以致危害到自己的既得利益。他們主張在體制內進行和平改革（例如，讓親藩與外樣大名也能參與幕政），以強化體制，抵禦外侮。然而，攘夷志士的暴力化卻已經超出大名的「期望」，而且可能破壞整個封建體制，這是大名們所不願見到的。

此外，志士之間，在很多觀點上也不一定能取得共識。以「攘夷」來說，有人主張不管三七二十一必須立即攘夷（這一派人數最多），也有人主張等日本蓄積一定程度的實力之後再攘夷，甚至還有極少數像橋本左內的開明志士，主張日本不但不應攘夷，而且必須積極開國。在行動方面，大部分的志士只著眼於結交同志，作橫向的聯繫，以共同對抗幕府；但是也有政治嗅覺比較敏銳的志士，如薩摩藩的大久保利通，認為光憑志士零散的力量不足以成大事，必須依附在大名（諸侯）的權力底下，利用整個藩的力量與幕府對抗，才有成功的希望。

橋本左內

在「安政大獄」被處死的志士中，有二個人值得一提，一個是橋本左內，一個是吉田松陰。

橋本左內（一八三四—五九）是越前藩醫橋本長綱之子。十五歲時，前往大阪，進入蘭學者緒方洪庵所開設的適塾學習蘭學。一八五四年，二十歲時，前往江戶遊學，一方面目睹了幕府窮於應付培里的窘境，一方面也結交了西鄉隆盛等志士。回到越前藩後，橋本左內受到了藩主松平慶永的賞識，從此便以松平慶永的心腹身分，四處奔波活動。

一八五八年，堀田正睦帶著三萬兩「賄賂金」至京都時，橋本左內也奉松平慶永之命，帶著五百兩公款前往京都。後來他發覺五百兩根本不夠用，便趕緊寫信回越前藩，要求補給更多的「銀彈」。由此可見，當時各方勢力對朝廷所發動的金錢攻勢是何等「慘烈」。

橋本左內在京都會見了很多公卿，他拚命想說服他們二件事，一件是拋棄攘夷思想，另一件是擁立德川慶喜為將軍後繼。可是他發覺後者還容易些，前者可就難如登天了。那些公卿的腦筋陳腐到極點，半點外國知識都沒有，卻對洋人懷有幾乎是與生俱來的厭惡感。最後他只好放棄前者，專心於後者。反正只要德川慶喜能當上將軍，其他事都可以慢慢解決。

橋本左內與其他成天把「尊王攘夷」口號掛在嘴上的志士不一樣，他是個冷靜又極有遠見的理論家。他於一八五七年構思的幕政改革計畫（前文曾介紹過）

中，主張日本應該向美國與俄國聘請五十名各種學術領域的教師，到各藩教學，移植西方學術。這樣的構想豈是血氣方剛、徒具愛國情操的攘夷志士所能比擬？

可是，這麼優秀的人才卻在一八五九年十一月一日，被幕吏押到刑場斬首。享年二十五歲。

橋本左內原先以為自己根本沒有謀反之心，不至於被判什麼罪。因此他在牢裡還勤讀《資治通鑑》。

行刑那天，牢頭（典獄長）紅著眼睛對他說：

「你那麼年輕，又滿肚子學問，實在太可惜了。如果可能的話，我真願意拿我這條命換你那條命……」

吉田松陰

另一位值得一提的是吉田松陰。

吉田松陰（一八三〇—五九）是長州藩下級藩士杉百合之助的次男，六歲時過繼給吉田家當養子。吉田家代代在長州藩教授山鹿流兵法。吉田松陰過繼到吉田家後，便註定將來長大後要繼承這個職務，因此他從小就得學習山鹿流兵法。

日本的兵法源自於中國的孫子兵法、吳子兵法、三略、六韜等。到了戰國時代（一四六七—一五六八）以後，有些人將這些兵法融會貫通並加入新觀點，而自成一家，先後形成甲州流、北條流、山鹿流等。吉田家便是尊奉山鹿流兵法。

一八五〇年，吉田松陰在他二十歲時前往九州平戶遊學。他在平戶碰到一位改變他一生的人——葉山佐內。葉山佐內是個很關心海外時勢的儒者，家裡有不少關於鴉片戰爭的資料（如魏源的《聖武記》、鹽谷宕陰的《阿芙蓉彙聞》）以及西洋砲術書。吉田松陰便向他借了這些書，連夜精讀，並抄錄重要的部分。

吉田松陰一邊讀這些書，一邊冒冷汗——很明顯地，中國之所以在鴉片戰爭中慘敗，是因為「英夷」擁有堅船利砲。換言之，**堅船利砲已經成為現代戰爭中致勝的關鍵**。而無論是中國的孫子兵法、吳子兵法也好，日本的甲州流、山鹿流也好，都沒有提到這種威力強大的武器。在堅船利砲之前，這些自古傳下來的兵法能發揮什麼作用？

吉田松陰愈想愈沮喪，愈想愈對山鹿流兵法沒信心。於是，在平戶待了五十天之後，他跑去長崎，想看看西洋（荷蘭）的船艦究竟長得什麼模樣。看到荷蘭的船艦之後，他終於對山鹿流兵法死了心。

如果山鹿流兵法不行，那麼什麼才行呢？經過一段苦悶期之後，一八五三年，吉田松陰前往江戶，拜在蘭學者佐久間象山的門下。佐久間象山聰明絕頂，是當代一流的思想家。他原本是個儒者，後來奉藩主之命研究外國情事才發覺蘭學的重要性，因而一頭鑽進蘭學的世界。後來，他提出了一句極有名的口號「東洋的道德，西洋的科技」。

一八五三年七月，培里艦隊再度來日。在佐久間象山的鼓勵下，吉田松陰決定搭美國軍艦，偷渡到國外，親眼看看西方到底是怎樣個富強法？這個極為大膽而又危險性十足的計畫，甚至可說是異想天開。第一，二百多年來，幕府一直嚴禁人民到海外，任何人若觸犯這條戒律被抓到的話，一定會被處以重刑。第二，即使吉田松陰偷渡成功，他在異國如何謀生？又如何返國？這些都是未知數。然而，吉田松陰不管那麼多。不入虎穴焉得虎子？不親自到外國看看，怎麼知道外國的真面目？不知道外國的真面目，又如何抵禦外侮？兵法上最強調的不就是「知己知彼，百戰百勝」嗎？

為了「知彼」，吉田松陰決定以生命作賭注。

可是天不從人願，如前所述，這個偷渡計畫失敗了。吉田松陰被培里趕上岸後，失望之餘，竟然跑去衙門自首。結果，經過一番審訊，由於吉田松陰偷渡的動機還算情有可原，而且又是主動前來自首，因此只在長州藩的牢獄裡關了二年。

出獄後，吉田松陰回故鄉開設私塾，培育天下英才。他的學生當中，有很多是日後在政治舞台上大放異彩的人物，如高杉晉作、久坂玄瑞、前原一誠、井上馨、山縣有朋、伊藤博文、品川彌二郎等。明治維新三傑之一的木戶孝允雖然不是吉田松陰的學生，可是也受了他極大的影響。

一八五八年十月，井伊政權命老中間部詮勝在京都展開逮捕志士的行動。吉田松陰聽到這個消息後，非常憤怒，立即與學生策劃暗殺間部詮勝。然而，暗殺計畫還沒實行，就被幕府逮捕了。審判團原先判處吉田松陰「流放」，可是判決書交給井伊直弼批示時，井伊朱筆一揮，把「流放」改成

「斬首」。

一八五九年十一月二十一日，吉田松陰服刑。得年僅二十九歲。行刑前，他在牢裡作了一首詩：

即使身朽武藏野
長留天地大和魂

（註：「武藏」指江戶一帶，「野」為荒郊野外之意）

西鄉隆盛

說完了橋本左內、吉田松陰這二位「安政大獄」的犧牲者之後，我們再來介紹一位倖免於難的志士——西鄉隆盛。

西鄉隆盛（一八二七—七七）是薩摩藩士西鄉吉兵衛的長男。薩摩藩的武士大致可分成三個階級，地位最高的是城下士，其次是城外士，地位最低的是在村鄉士。城下士之中又分成十等級，西鄉吉兵衛便是屬於城下士中的第九級「御小姓與」。

城下士的子弟自六歲起，便被編列進一個叫做「鄉中」的團體中，接受文武合一的教育。為了培養身為武士所需具備的膽量，「鄉中」有二門別出心裁的必修課程。一個是在三更半夜前往刑場挖取死刑犯的肝臟。一個是大伙兒圍著圓圈盤坐，圓圈上方則掛著一串鞭炮，鞭炮點燃後在大伙兒頭上亂舞亂炸，此時，每個人都得維持原來的姿勢，不得露出恐懼的神色或閃避鞭炮。西鄉隆盛便是接受這樣的教育長大的。

一八四四年，十七歲的西鄉隆盛開始擔任「郡方書役助」。「郡方」是藩政府的一個部門，主要任務為巡迴各農村，監督村吏，促進生產，收取年貢。「郡方」的最高長官為奉行，其下為書役，書役助便是書役的助手。

西鄉隆盛在「郡方」做了十年，由書役助升到書役。在這十年當中，西鄉隆盛親眼看到周遭同事腐敗的情形而深覺憤慨。例如，負責收取年貢的藩吏總是向農民收取額外的年貢，據為私有。而這件事是在半公開的情況下進行，因為大家公認收取額外的年貢是擔任這項肥缺所應得的報酬。

二十九歲那年，西鄉隆盛寫了一份農政意見書呈給藩主島津齊彬。在這份意見書中，西鄉隆盛痛陳薩摩藩農政的種種弊端與藩吏剝削農民的情事。或許是這個緣故，島津齊彬開始注意這位懷有強烈正義感的青年藩士。後來，當島津齊彬與其他「一橋派」大名攜手活躍於政治舞台時，西鄉隆盛便被島津齊彬提拔為身邊親信，四處聯絡奔走。

西鄉隆盛在京都從事運動時，認識了一名法號月照的和尚。月照是京都清水寺成就院的住持，由於與朝廷公卿頗有來往，因此西鄉隆盛便透過月照的關係與公卿接觸。

間部詮勝在京都展開肅清行動時，月照也被列入逮捕名單。西鄉隆盛獲知這個消息後，趕緊委託好友平野國臣將月照與月照的僕人重助護送到薩摩藩，自己則先一步到薩摩藩安排月照的藏匿處。

然而，此時的薩摩藩已經與島津齊彬在世時不一樣了。島津齊彬去世後，藩主之位由齊彬的弟弟島津久光的兒子島津忠義繼承。不過，實際的政權則是握在島津久光的手裡。西鄉隆盛雖然深受島津齊彬賞識，可是卻與島津久光合不來。因此，當西鄉隆盛安排月照前來薩摩藩避難時，島津久光把月照視為燙手山芋（幕府已經將月照的人頭畫像分送各藩，下令通緝），不但拒絕予以庇護，而且還命令西鄉隆盛立即將月照送往日向的法華嶽寺。按照薩摩藩的規矩，把他藩人士「送往日向」便是暗指送往日向後就地殺害。

西鄉隆盛接到這個命令後，萬念俱灰。原以為自己有能力保護月照，才安排月照潛逃到薩摩藩，哪裡想得到新的權力者島津久光卻一點兒也不買自己的帳，落得月照現在只有死路一條。西鄉隆盛愈想愈難過，愈想愈覺得對不起月照，便下定決心與月照同赴黃泉。

一八五八年十二月二十日，西鄉隆盛、月照、平野國臣以及重助四人乘著船前往日向。船行錦江灣，月光盈滿水面，西鄉隆盛指著岸邊的一間寺院，對月照說：

「那間寺院叫做心岳寺，與島津家有很深的淵源。」

月照：

「願聞其詳。」

西鄉：

「當年豐臣秀吉派兵攻打島津家時，島津歲久公就是據守在心岳寺，後來因為抵擋不住，便在寺內切腹自殺。薩摩藩士感於歲久公的義烈，經常前往該寺參拜。師父雖然不是薩摩藩人，今日因緣際會經過此地，何妨一拜？」

月照：

「說得也是。歲久公既然在此寺壯烈成仁，貧僧自當一拜。」說完，便閉起眼簾，朝著心岳寺合掌膜拜。

西鄉隆盛見狀，一言不發地張開雙手抱緊了月照，跳入海中。

平野國臣聽見物體落水的聲音，又不見月照與西鄉隆盛的蹤影，心知不妙，趕緊喝令船夫停船。眾人一陣子打撈之後，總算救起二人。然而，月照已經回天乏術，西鄉隆盛雖一息猶存，也已不省人事。

經過三天兩夜的昏睡之後，西鄉隆盛終於甦醒過來。當他知道月照已經不在人世，而自己卻仍活著時，內心悲痛不已。平野國臣等人怕他又尋短見，拚命曉以大義。或許是同志們的苦勸奏了效，西鄉隆盛最後決定忍辱偷生。

九年後，西鄉隆盛率領討幕聯軍擊敗幕府軍隊，推翻江戶幕府，也算是為月照報了仇。

月照死後四十年，也就是一八九八年，在中國，由康有為、梁啟超等改革派主導的百日維新因清廷保守派的反撲而告挫敗，改革派紛紛作鳥獸散。當時，梁啟超極力勸六君子之一的譚嗣同跟他一起到日本大使館避難。譚嗣同卻說：

「各國變法，無不從流血而成，今中國未聞有因變法而流血者，此國之所以不昌也，有之請自嗣同始。」

又說：

「不有行者，無以圖將來，不有死者，無以酬聖主，今南海之生死未可卜，程嬰、杵臼，月照、西鄉，吾與足下分任之。」

由此可見，當時中國的改革派知識分子對明治維新的過程可真下了一番功夫研究。

明治21年出版的芳年錦繪，近世人物誌©國立國會圖書館

第三章 尊攘志士的暴力化

尊攘志士藉暗殺手段掌控朝廷的意向，他們把暗殺稱之為「天誅」(替天行道)。

櫻田門外之變

一八六〇年三月二十四日。已經是初春的季節了，這天江戶卻很不尋常地下起大雪。

早上九點，大老井伊直弼和往常一樣坐上轎子，由六十名武士護衛，從彥根藩邸出發，前往江戶城上班。由於下大雪的關係，武士們都戴著雨笠、穿著雨蓑，連武士刀也用柄袋包緊，以防止雪水沾濕。

一行人來到櫻田門（江戶城內郭門之一）外時，突然聽到一聲槍響，從左右兩方衝來十數名怒目橫眉、殺氣騰騰的浪士，手持銀光閃閃的武士刀，見人就砍。

護衛的武士雖然人數較多，可是每個人都穿戴著雨笠、雨蓑，行動極為不便，加上武士刀又包在柄袋裡，慌慌張張中，還來不及取出，大多數人已被突襲者砍倒。沒被砍倒的武士眼見不敵，也紛紛抱頭鼠竄。

數名突襲者來到轎旁，以武士刀猛刺轎內。接著，一名浪士掀開轎簾，把已經身負重傷的井伊直弼一把拖出轎外，然後揮刀而下，井伊直弼的首級頓時滾落雪地。

井伊直弼，這位拚命想挽回幕府權威，並且不惜發動江戶時代二百五十年來最驚心動魄的大整肅的強人，恐怕做夢也想不到自己會橫死在幕府的權力中樞——江戶的街道上。而且是死在他深惡痛絕的攘夷志士手裡。

參與這項暗殺行動的浪士總共有十八名。其中，十七名是水戶藩浪士，一名是薩摩藩浪士。他們不滿井伊直弼違敕簽約，更痛恨井伊發動「安政大獄」，而把井伊視為大奸臣賊，非得除之而後快。

這個事件由於是發生在櫻田門外，因此便被稱為「櫻田門外之變」。「櫻田門外之變」震驚了整個日本，同時也對幕府的權威造成相當大的傷害。堂堂幕府的宰相，而且一上任沒多久就採取斷然措施，發動「安政大獄」，威風八面的井伊直弼，竟然於光天化日之下，在首善地區的江戶，被人亂刀砍死。這在江戶時代二百五十年來是前所未聞之事。

井伊直弼發動「安政大獄」的目的是要藉這種恐怖手段來鎮壓反抗勢力，以重振幕府權威。可是，「櫻田門外之變」卻證明了他的策略是錯誤的——**鎮壓的力量愈大，被鎮壓者便愈反抗，反抗的方式也愈暴力化，結果，幕府的權威便愈受到挑戰而愈趨低落**。

井伊直弼被暗殺之後，幕政由久世廣周與安藤信睦二位老中主導。這二位老中明白如果繼續沿襲井伊直弼那套高壓統治的作風，只會激起更多的反彈，讓局勢更加無法收拾，因此他們決定採取妥協性的策略——公武合體，以維繫日漸低落的幕權。

公武合體

「公武合體」是什麼意思呢？「公」是指公家，也就是朝廷；「武」是指武家，也就是幕府。**「公武合體」的意思就是說朝廷與幕府應緊緊地結合在一起，以凝聚力量，共赴國難**。

井伊直弼死後，久世廣周與安藤信睦二位老中受逼於形勢，不得不採取公武合體策略，以緩和反對勢力。他們打出的第一張公武合體牌，就是讓將軍與天皇結成親家。

當時（一八六〇年）的將軍德川家茂年僅十四歲，未婚。而當時的孝明天皇有一位同父異母的妹妹和宮，同樣十四歲，也未婚。對幕府而言，如果能促成德川家茂與和宮結婚，會有下列的好處：

一、今後天皇即使對幕府有什麼不滿，看在妹妹和宮與妹夫德川家茂的份上，也不好意思太過責難。

二、天皇既然與將軍結成親家，那些口口聲聲「尊王」的攘夷志士也不得不收斂對幕府的抗爭行動。因為攻擊幕府就等於攻擊天皇的親家。

換言之，幕府想藉著這段政治婚姻來拉近與天皇的關係，並藉此化減反幕勢力。

不過，這個公武聯姻的構想存在著一個頗為棘手的問題。那就是和宮雖然尚未正式結婚，卻已經與栖川宮熾仁親王訂有婚約。而且，和宮本人極不願與熾仁親王解除婚約，嫁入將軍家。因此，幕府雖然一再派人提親，孝明天皇卻狠不下心逼迫和宮答應。

後來，公卿之中最長於謀略的岩倉具視（那位把家裡房間租給別人開賭場的公卿）為幕府解決了這個問題。他寫了一封意見書給孝明天皇，勸天皇答應這門親事。這封意見書的內容是這樣：

> 幕府的權威現在已急速墜落，不復昔日威風。這由大老井伊直弼在光天化日之下被人暗殺一事便可看得出來。因此，幕府已經沒有掌控的能力了……不過，朝廷若太過急於想恢復權力，而與幕府兵戎相見，則恐怕會引起內亂並招致外國的侵略。因此，現階段重要的是捨名取實。
>
> 現在，幕府既然那麼熱切地請求和宮下嫁將軍，皇上不妨以公武合體為由，允

許這樁婚事，並且附帶命令幕府，今後無論是外交問題或內政問題，只要事情重大，都必須先向朝廷上奏後，才可實施。如此一來，表面上雖然仍由幕府執政，實際的政權卻操控在朝廷手裡。

從這封意見書可看出岩倉具視已洞徹出時代的變化並且為朝廷規劃出東山再起的藍圖。

日本自從十二世紀末期以來，政權便由朝廷轉移到武士首領手中。從十二世紀末期起，一直到一八五三年培里來航為止，在這長達將近七個世紀期間，上起天皇，下至下級公卿，整個朝廷像個小媳婦般，仰武人的鼻息過活。他們在唉聲嘆氣之餘，有時也難免會懷念起十二世紀末期以前那段光榮輝煌的歲月。何時朝廷才能東山再起，重掌政權呢？這樣的美夢在七個世紀之間，必定有幾個天皇、幾十個公卿偷偷幻想過。

沒想到培里來航之後，日本的政局起了相當大的變化——幕府權威日漸低落、天皇地位日漸上升、「尊王」口號響徹雲霄。這些變化顯示出「朝廷東山再起，重掌政權」的美夢似乎不再是個「夢」，而是個頗具可能性的歸趨。

岩倉具視是朝廷之中對這個變化最為敏感的公卿，他知道朝廷在忍辱偷生了七個世紀之後，現在總算等到了從武士首領（將軍）手裡奪回政權的時機。不過他也明白現在還不是與幕府「兵戎相見」的攤牌時候，現階段的戰略應該是一步步削弱幕府的權力，以及一步步增添天皇的權力，只要這個戰略能夠順利地推展下去，時間久了，自然瓜熟蒂落。屆時，或許不必與幕府「兵戎相見」，就可接收政權。

現在幕府前來提親，請求和宮下嫁將軍。對方此舉固然有其意圖（化滅反幕勢力以鞏固幕權），可是何妨將計就計，以「幕府今後的重大決策都必須先向朝廷上奏，才可實施」為交換條件，答應幕府這門親事。如此一來，朝廷便可左右幕府的決策，而向「重掌政權」之路邁進一大步。

其實，孝明天皇不是個雄才大略的君主，他並沒有想要奪回喪失了七個世紀的江山，他之所以被岩倉具視的意見所打動，並非像岩倉具視有那麼大的「抱負」，他只想藉此逼迫幕府攘夷罷了。

如前所述，孝明天皇是個極為厭惡「夷狄」的人，他不願讓「夷狄」與神國日本發生任何接觸，更別談讓「夷狄」踏上日本的領土與日本人來往貿易了。

因此，他非常反對幕府與美國簽訂通商條約。可是在井伊直弼發動大整肅之後，整個京都風聲鶴唳，人人自危，孝明天皇也只好三緘其口，不再干預幕政。

如今，強人井伊直弼死了，新的幕閣又採取公武合體的妥協性策略，若能如岩倉具視所說的，以答應和宮下嫁來交換左右幕府決策的權力，那麼天皇便可逼迫幕府實行攘夷。這有什麼不好呢？這是孝明天皇的如意算盤。當然，孝明天皇的算盤與岩倉具視的算盤比起來，格局顯然小多了。

至於和宮本人不願下嫁將軍一事。若是和宮的「犧牲」能夠換得幕府力行攘夷，而讓神國日本得以保持安寧，那也只好委屈和宮了。

於是，孝明天皇答應了幕府的提親，條件是，幕府必須毀棄通商條約並且實行攘夷。

幕府為了實現和宮下嫁將軍以化減反幕氣焰的目的，竟然也答應孝明天皇的條件，信誓旦旦地說：

「現在日本還沒有能力與外國打仗，不過幕府會盡全力製造軍艦、彈砲，在七、八年或十年之間，一定會與外國交涉，廢棄通商條約，如果交涉不成，便發動戰爭，將洋人趕出日本。」

一八六〇年十月，孝明天皇正式敕許這門親事，一八六二年三月十一日，將軍德川家茂與皇妹和宮在江戶城舉行結婚典禮。

這樁政治婚姻滿足了幕府、孝明天皇與岩倉具視（雖然這三者各有各的意圖），**可是卻激怒了攘夷志士**。攘夷志士認為幕府之所以要求皇妹和宮下嫁將軍，根本就是想把和宮當作「人質」，讓朝廷以及其他反幕勢力投鼠忌器，不敢對幕府作太過強烈的攻擊。此外，攘夷志士也認為天皇之所以答應這門親事，一定是被周遭的不肖公卿所蠱惑，而這些不肖公卿必定是收了幕府的鉅額賄賂。

和宮一行人是於一八六一年十一月從京都出發，前往江戶。在此之前，坊間就流傳攘夷志士計劃在途中截擊下嫁行列，把和宮送返京都。為此，幕府緊張兮兮，下令十二個藩派兵護衛和宮東下，並且下令二十九個藩做好沿途的警備工作。結果，下嫁行列浩浩蕩蕩，總人數多達七千八百五十六人。以這樣盛大的陣容相伴，以及滴水不漏的警戒，和宮當然是無事抵達江戶。

坂下門外之變

除了和宮下嫁將軍一事之外，還有一件事更加激怒攘夷志士。攘夷志士不知從哪裡聽到一個消息，說是幕府覺得孝明天皇意見太多，是個麻煩人物，因而決定廢掉孝明天皇，另立一位比較聽話的天皇。為此，幕府已經命令國學者塙次郎研究歷史上是否有廢掉天皇的前例。消息來源並且指出主持這項「廢帝」計畫的是老中安藤信睦。

和宮被迫下嫁將軍，加上「幕府陰謀廢掉孝明天皇」這則聽起來很像真有其事的傳言，這兩件事讓一部分攘夷志士忍無可忍，決定刺殺安藤信睦。

一八六二年二月十三日。這天是農曆元月十五日元宵節，各大名按例都得進城謁見將軍。早上八點，江戶城響起了鼓聲。老中安藤信睦坐上轎子，在五十名武士的護衛下，從藩邸出發，前往江戶城。

一行人抵達江戶城坂下門外時，一名男子拿著一份訴狀走向安藤信睦的轎子。轎旁的衛士正想上前阻攔，那名男子突然從懷中掏出一把手槍，朝著轎子射擊。隨著槍響，道路左右兩旁衝出了五名持刀武士逢人便砍。

這幅景象簡直就是二年前「櫻田門外之變」的翻版。可是「櫻田門外之變」之後，幕府已提高了警覺，因此五十名護衛的武士並沒有太過慌亂，迅速拔刀反擊。而且刺客這回只有六名。結果，安藤信睦只挨了一刀，並未中及要害，六名刺客在數分鐘後一一倒地就斃。

由於這個事件是發生在江戶城坂下門外，後人便稱此為「坂下門外之變」。「坂下門外之變」之後，安藤信睦雖然倖免於難，可是卻被迫辭去老中職位。或許幕府覺得讓安藤信睦下台才能夠緩和攘夷志士的怒火吧。

和「櫻田門外之變」一樣，「坂下門外之變」也對幕府的權威造成了難以彌補的傷害。如果任何藩的任何武士都可因為不滿政府的施政，而對主政者動刀動槍，這樣的政府還有什麼權威可言？

幕府的處境現在可說是每況愈下。而「公武合體」這條新路線也證明不見得好走多少。

談到「公武合體」，接下來我們得介紹長井雅樂與島津久光，因為這兩人也是「公武合體」的倡導者。

長井雅樂（一八一九—六三）出身於長州藩的名族，在長州藩的藩士之中，他被視為「智辯第一」。一八六一年（井伊直弼死後翌年）四月，長井雅樂向長州藩主毛利慶親提出一份建白書，主張「航海遠略策」。

攘夷派與開國派

培里艦隊來航以來，日本的政局之所以紛亂不斷，最主要的原因之一就是各方勢力對如何因應「夷狄」意見分歧。這些意見大致可分成「攘夷派」與「開國派」二種。當然，如果細分的話，「攘夷派」又可分成「立即攘夷」與「先把軍備充實好之後再攘夷」；「開國派」也可分成「消極的開國」（既然打不過對方，只好應對方要求開國）與「積極的開國」（與世界各國來往貿易為時代潮流，日本若不想被潮流淘汰，只有開國一途）。

幕府由於身處最前線與外國折衝，所獲得的情報最多，知道攘夷行不通，可是又不敢斷然揚棄傳統包袱，因此只好採取「消極性開國」的方針。

至於孝明天皇與其下的多數公卿，由於久居深宮，又沒有與外國交涉的經驗，因此完全不了解世界情勢，只會情緒性地主張攘夷。

一邊採取「開國」方針，另一邊強烈主張「攘夷」，這就是公（朝廷）武（幕府）雙方總是處於緊張對立狀況的主要原因。

長井雅樂果然不愧為長州藩「智辯第一」，他的「航海遠略策」把「開國」與「攘夷」兩個表面上看起來水火不相容的主張巧妙地結合起來。

「航海遠略策」的內容是這樣：日本必須攘夷，可是絕對非不管三七二十一看見洋人就砍的情緒性攘夷，而是採取積極性開國的方針，努力富國強兵，稱霸於全球，將洋人壓制於腳下。這樣才是真正的攘夷。

這個既開國又攘夷的巧妙理論，可想而知，必定較容易被公、武雙方所接受，而達到公武合體的目的。

長州藩主毛利慶親立刻採納了長井雅樂的建白書，將「航海遠略策」定為長州藩的方針，並且派遣長井雅樂前往京都與江戶，向朝廷與幕府遊說。

如果長井雅樂的「航海遠略策」能夠獲得各方的共識，那麼日本的現代化腳步或許還會再快幾年。可是長州藩的攘夷派勢力實在太過頑強了，他們認為長井雅樂是個奸人，他的「真攘夷論」根本是站在幕府的立場，為幕府的「失政」辯護、粉飾，以欺瞞天皇，讓天皇也同意開國。結果，在藩內攘夷派的猛烈攻擊下，長井雅樂不僅丟官失職，還被迫自殺。

此後，攘夷派控制了長州藩議政，長州藩成為全日本各藩之中最強烈主張攘夷的雄藩，也成為幕府的死對頭。

接下來，再來談談島津久光。

島津久光的活躍

島津久光（一八一七—八七）是薩摩藩前藩主島津齊彬同父異母的弟弟。島津齊彬於一八五八年病逝之後，藩主之位由島津久光的兒子島津忠義繼承，不過藩政的實權則操在久光手裡。

島津久光雖然不像哥哥島津齊彬那麼英明，卻頗認同齊彬的路線而決定沿襲，亦即，以薩摩藩的武力為後盾，介入中央政治，一方面逼迫幕府實行政治改革，一方面藉機擴張薩摩藩的勢力。

這兒所說的「逼迫幕府實行政治改革」，其實並沒有什麼了不起的內容，只不過是仿照昔日「一橋派」的構想，將幾位「一橋派」大名送進幕閣，以掌握幕政。

和當時大多數人一樣，島津久光也很討厭「夷狄」，可是他卻反對尊攘（尊王攘夷）激進派志士的作風。從一八六〇年大老井伊直弼被刺，以及一八六二年老中安藤信睦被刺，兩個事件就可看出，這些志士已經定下了暴力路線。而且，他們的政治理念也逐漸由「反幕」轉變成「倒幕」（推翻幕府）。

島津久光主張改革，但那只是體制內的改革，絕不是推翻舊體制，另創新體制。對他而言，以及對絕大多數的大名而言，尊攘激進派志士的暴力手段與倒幕主張是極端危險的。因為那很可能會危及他們在現存體制中的既得利益。

安藤信睦遇刺之後，本來就呈衰頹走勢的幕府權威更加下落，島津久光看到這個情形，知道自己登場的時機成熟了。一八六二年四月，他率領一千多名藩兵從薩摩藩出發，前往朝廷的所在地——京都。

這在江戶時代二百五十年來可真是破天荒的一件大事。按照幕府的規矩，沒有幕府的允許，任何大名都不可進入京都與朝廷接觸，當然更不准率兵入京都。島津久光不是大名（他只是大名的父親），卻擅自率兵入京都，如果是在幕府強盛的時代，肯定會被冠以「陰謀造反」的罪名而遭處死。此時幕府權威的低落由此可見。

島津久光率兵赴京的目的不是想打擊幕府的權威，他只是想從孝明天皇那裡獲得逼幕府實行政治改革的「聖旨」罷了。

然而，島津久光此舉卻讓各地的尊攘志士雀躍三丈。他們認為島津久光膽敢突破幕府的禁忌，率兵入京，一定是想幹一場轟轟烈烈的大事。所謂「大事」，自然是「勤王倒幕」。於是，各地志士紛紛前往京都，準備「共襄盛舉」。

島津久光於五月十四日抵達京都後，發現他率兵入京的意圖竟然被眾人誤解，不但各地志士匯集京都，摩拳擦掌，就連京都所司代（幕府在京都的最高行政長官）酒井忠義都因為聽說島津久光要把他幹掉，而在家裡足足躲了五天，不敢與島津久光見面。

島津久光可不願就這樣莫名其妙地成為「倒幕」的先鋒。他決定以行動來證明自己的政治立場——他只是想促成公武合體及改革幕政，絕沒有推翻幕府的企圖。

寺田屋之變

當時，薩摩藩激進派首領有馬新七等人住宿在京都近郊的旅館寺田屋。他們由於等不到島津久光的倒幕舉動，心急之下，便決定先把親幕府的關白九條尚忠以及所司代酒井忠義幹掉再說。島津久光獲得這個情報後，於五月二十一日派九名劍客到寺田屋鎮壓。雙方經過一場大廝殺後，激進派之中，有馬新七等六名陣亡，另有二名受重傷。這便是所謂的「寺田屋之變」。

「寺田屋之變」立即產生了二個影響。**第一個影響是，匯集在京都的尊攘志士原來對島津久光抱有很高的「期望」，如今，期望破滅，一時之間再也不敢輕舉妄動。**尤其是薩摩藩的激進派，受到藩公島津久光的無情鎮壓後，元氣大傷。

第二個影響是，島津久光因此而得了孝明天皇的信賴。我們談過，孝明天皇雖然因為厭惡「夷狄」，而不滿幕府的「開國」政策，可是他卻絲毫沒有奪回政權的野心，他只是想恢復培里艦隊來航之前那種「平靜」的日子。尊攘志士雖然打著「尊王」的旗幟，他們的暴力手段與倒幕主張卻令孝明天皇極感不安。因此，島津久光鎮壓自藩尊攘志士而維持了京都治安一事，讓孝明天皇深為滿意。

在這種情況下，島津久光很順利地從孝明天皇那兒獲得了他所要的「聖旨」。「聖旨」的內容是要求幕府做下列三件事：

一、將軍立即率領各大名赴京都，與朝廷共商攘夷策略。

二、任命沿海五大藩的藩主為五大老。

三、任命德川慶喜為「將軍後見職」，以及任命松平慶永為「大老」。

這三項要求之中，島津久光真正想要的只有第三項。

當年，「一橋派」與「南紀派」在角逐政權時，雙方首先爭奪「將軍繼嗣」，結果「一橋派」所推舉的德川慶喜敗給了「南紀派」所推舉的德川家茂。接著，雙方又把爭奪的目標移到「大老」一職，結果，「一橋派」的松平慶永又輸給了「南紀派」的井伊直弼。

如今，物換星移，幕府的權威大不如昔，島津久光如果能趁這個機會，把德川慶喜與松平慶永分別送上了「將軍後見職」與「大老」的座椅，「一橋派」昔日功敗垂成的美夢不就在他手裡完成了嗎？這是島津久光的功名心。

「將軍後見職」當然比不上「將軍」。所謂「後見」，就是「未成年者的監護人」，因此，「將軍後見職」是指將軍在未成年時，輔佐將軍的官職。這個職位在江戶時代二百五十年來一直沒存在過，直到一八五八年第十三代將軍德川家定去世，第十四代將軍德川家茂以十二歲的幼齡繼位，加上政局紛擾不定，才「創造」出這麼一個職位，由田安家的田安慶賴擔任。可是由於是新創的職位，其權責的範圍沒有前例可循，因此田安慶賴雖然擔任這個看起來地位滿崇高的「將軍後見職」，可是卻沒什麼明顯的影響力。

問題是事在人為。如果德川慶喜能夠擔任「將軍後見職」，而且如果德川慶喜的「企圖心」比田安慶賴大得多，那麼，德川慶喜或許能把「將軍後見職」這個「看起來」地位滿崇高的職位變成「實際上」地位很崇高、很有影響力的職位。如此一來，「一橋派」雖然無法獲得「將軍」，卻也相去不遠了。

一八六二年六月，朝廷接受了島津久光的建議，派遣敕使大原重德（公卿）

前往江戶幕府傳達聖旨。護衛大原重德東下的當然是島津久光以及久光所率領的藩兵。

七月初，一行人浩浩蕩蕩地進入江戶。

幕府接獲聖旨後，自然是面露難色。結果，經過幾番折衝，幕府答應讓德川慶喜擔任「將軍後見職」，至於松平慶永的「大老」部分，幕府拒絕了，不過卻答應另外設立一個新職位「政事總裁職」，讓松平慶永擔任。

這是幕府的計謀。「大老」的權力之大，從井伊直弼擔任「大老」後所施展的獨裁作風就可見一斑。如此權高位重的職位怎可讓「一橋派」的松平慶永擔任？相反地，「政事總裁職」和「將軍後見職」一樣，都是看似權高位重，其實權責不明的虛位。這樣的虛位讓給德川慶喜與松平慶永過過乾癮又有何妨？

然而，即使是如此，一位來自偏遠地區的外樣大名（嚴格地說，島津久光還算是大名）居然敢挾著天皇的權威，率兵入江戶，脅迫幕府答應這個答應那個，而且還獲得幕府某種程度的妥協，這可真是前所未聞。德川家康地下有知，必定扼腕長嘆無疑。

生麥事件

島津久光眼看他的要求獲得了相當程度的實現，志得意滿地於九月離開江戶，前往京都。不過，在前往京都的途中，卻碰到了一個意外事件。

九月十四日下午二點，島津久光率領著四百名藩兵來到神奈川附近的生麥村（現在的橫濱市鶴見區）時，遇見四名乘馬的英國人迎面而來。

這四名英國人分別是：從上海來日本度假的商人里查德森，從香港來的菠蘿迪兒夫人，以及住在橫濱的馬歇爾與克拉克。

他們顯然不太清楚日本的國情。一般的日本人如果在路上看到迎面走來數百名佩劍荷槍的武士，不是立即迴避，就是趕緊跪在路旁，動也不敢動。因為幕府的法律規定，任何民眾若對武士有什麼不禮貌的行為，武士可當場殺死對方而不需負刑責。

走在薩摩藩一行最前頭的武士，望見四人騎馬迎面而來，趕緊打手勢要他們回頭。可是這四名英國人也不知是沒看到手勢，還是看不懂手勢，仍舊繼續往前。

就在雙方人馬交錯的剎那，突然衝出一名武士，邊怒喝：「無禮的東西！」邊揮刀砍向里查德森。里查德森挨了一刀後，忍痛騎著馬往後逃，逃了一百公尺，還是撐不住，從馬上摔了下來。另一名武士見狀，便跑上前去，又砍了幾刀，把里查德森當場砍死。

剩下的三名英國人中，馬歇爾與克拉克也身受重傷，不過卻得以突破重圍，逃到神奈川的美國領事館。菠蘿迪兒夫人或許因為是女性之故，沒有受到傷害，只被削去一束頭髮後，逃回橫濱的外國人居留地。

這就是「生麥事件」。

天誅

島津久光回到京都後，發現京都的局勢竟然完全逆轉。三個月前，他派人鎮壓自藩的尊攘志士（寺田屋之變），使得京都的尊攘志士銷聲匿跡，不敢再有什麼舉動，並使得公武合體派的公卿掌握了朝廷的方針。不料，三個月後，整個京都可說已「淪陷」在尊攘志士與公卿的手裡。

這到底是怎麼一回事呢？

原來，尊攘志士發覺島津久光根本沒有「倒幕」的意思之後，便決定靠自己的力量來完成勤王倒幕的使命。可是他們沒有軍隊，僅有零星的武力，所能想到的方法只有一個——暗殺。

一八六〇年，井伊直弼被暗殺。一八六二年，安藤信睦被暗殺（未遂）。**這兩件轟動一時的事使得幕府的權威直墜谷底，證明了暗殺手段的有效性**。

如果暗殺手段用在幕府的閣揆，可以讓幕府不得不改變政策（由高壓獨裁變成公武合體），那麼，同樣的手段用在親幕派公卿身上的話，是否也會產生令尊攘派志士滿意的結果呢？答案當然是肯定的。因為，朝廷的公卿比幕府的高官要膽小得多。

那麼，如果親幕派公卿因為恐懼志士的暗殺，而不得不改變親幕主張，甚至辭職隱居，使得朝廷變成只有「反幕」或「倒幕」的主張，而聽不到「親幕」的聲音，那不就等於尊攘志士完全掌控了朝廷的意向？屆時，尊攘志士要進一步達成勤王倒幕的使命便容易得多。

這是尊攘志士的如意算盤。

他們把暗殺稱之為「天誅」（替天行道）。第一位死於「天誅」的是島田左近。

島田左近是前關白九條尚忠的家臣。九條尚忠原本是持反幕（反對條約敕許）的態度，可是島田左近卻被井伊直弼的謀臣長野主膳買通，在島田左近的說服下，九條尚忠轉而採取親幕的立場。

此後，島田左近成了幕府在京都最有力的爪牙，從將軍繼嗣爭奪戰、安政大獄，到皇妹和宮下嫁將軍，島田左近無役不與，為幕府立下不少汗馬功勞。當然，他也從幕府得到很多好處。

尊攘志士對島田左近可說恨之入骨。別的不說，光是因為島田左近的通風報信而遭幕府逮捕的志士就不計其數了。因此，尊攘志士會第一個找島田左近開刀，一點兒也不意外。

島田左近有六個妾，事件發生當天（一八六二年八月十五日），他正窩在其中一個妾的住處。突然，有三名殺氣騰騰的薩摩藩武士闖進來。島田左近心知不妙，拔腿就跑。可是三名武士動作比他更快，一刀砍中島田左近的背部。島田左近發出殺豬般的哀號聲，仆倒在地，抬起頭來，忍著痛說：

「你……你們弄錯人了，我不是島田左近。」

「島田左近？島田左近是九條家的家臣，我們哪敢殺他？我們要殺的是他的手下，就是你！」

島田左近一聽，趕緊說：

「我就是島田左近，剛才是騙你們的。」

三名武士互相看了一眼，忍不住要笑出來。

「我們要殺的正是島田左近，剛才也是騙你的。」

說話者是這三名刺客中為首的田中新兵衛。話畢，田中新兵衛就武士刀一揮，把島田左近的頭砍下來。

三天之後，島田左近的頭出現在離京都繁華區不遠的一條河的河岸。這顆頭被行兇者插在竹竿上，並懸掛著一塊木板，木板上寫著：

此人島田左近與大逆賊長野主膳沆瀣一氣，惡事做絕，為天地難容之大奸賊，因而誅戮之，並梟首示眾也。

島田左近在京都的名聲一向很壞，他除了蓄養六個小老婆外，還放高利貸，有時也搞搞恐嚇詐財。因此，當島田左近被殺的消息傳出後，不只尊攘志士歡欣鼓舞，連一般市井小民也覺得大快人心。

在這種情況下，為首行兇的田中新兵衛一躍而成為眾人心目中的大英雄，不僅到處有人請他吃飯喝酒，連零用花費也都有人提供。

田中新兵衛的「成功」，激勵了尊攘志士，使得他們對「天誅」躍躍欲試。而田中新兵衛本人在嚐到了甜頭後，更是欲罷不能。就這樣，京都開始流行起「天誅」。

第二號「天誅」的犧牲者是一位名叫文吉的捕快。

文吉在京都惡名昭彰的程度，與島田左近比較起來，可說有過之而無不及。他本來是個市井的小混混，由於頗有點兒小聰明，受人提拔成為捕快。為了攀結權貴，他把自己的養女送給島田左近當妾。安政大獄時，他與島田左近聯手，逮捕了很多尊攘志士，而獲得幕府頒授鉅額獎金。他除了和島田左近一樣，也放高利貸外，還經營妓院。

九月二十三日，文吉被三名土佐藩志士殺害。殺害的方式相當殘忍——行兇者先把他的衣褲剝光，再以削尖的竹子刺穿其陰莖，最後再用繩索將其勒死。

這樣的殺害方式所造成的恐怖效果可想而知。京都每一位具有親幕色彩的人，上起公卿，下至捕快，無不寢食難安。

十月十六日，九條家另一名家臣宇鄉重國被殺。

幕府接獲京都接二連三發生暗殺的消息後，極為震驚，趕緊命令京都奉行所的四名幕吏回江戶。因為這四名幕吏在安政大獄時也逮捕了不少志士，如果繼續留在京都，遲早會遭毒手。不料四名幕吏在前往江戶的途中，還是被尾隨而至的志士「天誅」掉。參與刺殺的志士多達二十人，其中包括土佐藩十二人，長州藩十人，薩摩藩二人。

京都奉行所一名也有鎮壓志士「前科」的幕吏，聽見他的四名同事中途遇難的消息後，知道自己也難逃一劫，索性引刀自殺。另一名幕吏則是把頭髮剃光，打扮成和尚的模樣後，逃到隱密的地方躲起來。

以上所敘述的，只是一八六二年下半年將近二十件「天誅」事件的其中幾件。到了一八六三年，「天誅」更是層出不窮。

血腥的行動

在「天誅」的恐怖壓力下，朝廷中的親幕派與公武合體派公卿人人自危，促成和宮下嫁將軍一事的岩倉具視也被迫辭職隱居。如尊攘志士所期盼，朝廷現在只聽得到反幕攘夷的聲音了。

島津久光從江戶回到京都時，發現京都已成為攘夷論者的天下，失望之餘，他只好先回到薩摩藩靜觀其變。

島津久光離開京都後的翌月（一八六二年十一月），尊攘派策動朝廷，任命公卿三條實美為敕使，由土佐藩主山內豐範（山內豐信之子）率兵護衛，赴江戶逼迫幕府攘夷。一行人於十二月抵達江戶。

二個月前，幕府好不容易才把敕使大原重德送走，想不到氣還沒喘定，現在又來一位敕使三條實美要求幕府盡速採取攘夷行動。由於「攘夷」是和宮下嫁將軍時，孝明天皇開出來的條件，當時幕府一口答應了，現在當然無法拒絕。

結果，幕府答應實行攘夷。至於如何攘夷、何時攘夷等細節部分則等幕閣商議妥當後，再由將軍率員親赴京都向天皇報告。三條實美得到這樣的答覆後，滿意地離開江戶。

一八六三年二月三日，「將軍後見識」德川慶喜從江戶出發，前往京都。他的任務是先到京都佈置好有利於幕府的環境，再讓將軍上京。可是此時的京都正延續著一八六二年下半年以來的「天誅」野火，而且愈燒愈旺。

一八六三年一月，長野主膳（井伊直弼的謀臣，安政大獄的主要執行者）的妾，村山可壽惠被尊攘志士脫光衣服，綁在京都三條大橋的橋柱。村山可壽惠的兒子多田帶刀則被殺害。

三月十一日，儒學者池內大學被殺。行兇者割下他的兩隻耳朵後，附上恐嚇信，一隻丟到公卿中山忠能家裡，一隻丟到公卿三條實美家裡。兩人看到血淋淋的耳朵，嚇得魂飛魄散，趕緊辭去公卿職位。

三月十七日，公卿千種有文的家臣賀川肇被殺。千種有文和岩倉具視一樣，是促成和宮下嫁將軍的要角，賀川肇則是其得力助手。

賀川肇的屍體被充分利用。兇手將他的頭顱與一封恐嚇信放置在德川慶喜（此時他已來到京都）住宿的東本願寺門口。兩隻手則分別送到千種家與岩倉家，當然也都附了恐嚇信。

天誅足利三代的木像

四月九日，尊攘志士三輪田綱一郎等人闖入京都等寺院，把供奉在院裡的三尊木像——足利尊氏、足利義詮與足利義滿的頭砍下，拿到賀茂川岸曝示，並在三顆木像頭的上方釘一塊木牌，牌上寫著：

現為正名之時，吾等考量鎌倉時代以來之逆臣，先將此三巨魁之醜像予以天誅。

此外，這批人又在三條大橋張貼較詳細的控訴文，文中的最後一段是這樣：

當今之世，有些人的罪惡比三名奸賊還大得多。如果這些人不立即悔改，一掃鎌倉時代以來的惡弊，輔助朝廷，回復古昔，以贖償過去所犯的罪過的話，全天下的有志之士必將鍥而不捨地追討其罪。

這裡必須稍微說明一下。

我們之前提過，日本的天皇在古代曾經掌握過政治實權（天皇親政），到了九世紀中期，政權落入外戚手中（攝關政治），十一世紀末期，政權又落入上皇或法皇手中（院政）。不過在攝關政治和院政的時代，天皇還算受到相當的尊重。可是到了十二世紀末期，武士首領掌握政權後，天皇的地位便開始明顯下降。

第一個武士政權始於一一九二年，終於一三三三年，稱之為鎌倉時代。第二個武士政權始於一三三八年，稱之為室町時代。足利尊氏便是室町時代的第一任將軍（武士首領），他的兒子足利義詮為第二任將軍，義詮的兒子足利義滿為第三任將軍。**這三任將軍在位的期間，天皇的地位每況愈下，足利義滿甚至還曾經想篡奪皇位**。這就是為什麼尊攘志士對這三位足利將軍恨之入骨，即使已經過世長達五世紀，仍舊要拿木像來「天誅」的原因。

當然，除了出氣之外，尊攘志士「天誅」足利氏祖孫三代還有一個更大的目的，那就是對現在的將軍德川家茂以及其下重臣提出警告。警告他們必須「立即悔改」，「一掃鎌倉時代以來的惡弊」（所謂惡弊，即奪占天皇的權力），並「輔助朝廷」，「回復古昔」（回復到古代天皇掌握實權的政治狀態），否則就會像三代足利將軍一樣，被「天誅」掉。

由此可知，尊攘志士藉著這個事件至少向幕府傳遞了二個訊息：

一、將軍必須把政權交還給天皇（王政復古）。

二、如果不從，將軍以及其下的重臣會被列入暗殺的對象。

這麼一來，幕府當然無法再坐視，立即下令逮捕「行兇者」，結果抓到了三輪田綱一郎等九名尊攘志士。可是，尊攘派透過種種關係向幕府施壓，要求放人。最後，本來應該處死刑的這九名犯人，幕府卻不得不交給原屬各藩，由各藩自行處罰。由此可見尊攘派此時在京都的勢力之大。

在這種情況下，將軍德川家茂於三月三十一日，率領兩位老中水野忠精、板倉勝靜，以及各相關隨員、衛士，總共三千名，從江戶出發，四月二十一日，抵達這個對幕府懷有敵意的古都——京都。幕府將軍若沒什麼特殊情形是不會上京的，上一回幕府將軍上京都是第三代將軍德川家光（一六〇四—五一）的時候，距離這次德川家茂上京都有二百多年。

京都的尊攘派各勢力早已摩拳擦掌，等候德川家茂的大駕光臨。

埋下王政復古的伏筆

四月二十二日，德川慶喜以「將軍後見職」的身分，代表將軍入宮覲見孝明天皇，獲得「國家大政仍舊照往常一樣委任將軍負責。攘夷之事亦請將軍盡力」的敕命。

嚴格地說，孝明天皇的這個敕命顯然扭曲了歷史事實。當年德川家康之所以能創立江戶幕府，掌控統治日本的權力，並非是因為天皇的「委任」，而是因為「槍桿子出政權」。換言之，德川家的權力並不是天皇授予的，而是靠自己的武力奪來的。既然如此，孝明天皇有什麼資格說「國家大政仍舊照往常一樣委任將軍負責」這句話？沒錯，在名義上，將軍是天皇的臣子，可是名義究竟只是名義，改變不了歷史事實。

然而，此時的幕府卻很需要「國家大政仍舊照往常一樣委任將軍負責」這句話。為什麼呢？因為現在的幕府太弱了，弱到必須得到天皇這句話，才能夠昭示天下——你們看，天皇已親口答應把政權委託給將軍，因此將軍依舊是全日本合法的統治者。違逆將軍的人，就等於違逆天皇！

這是將軍此回上京都的最大目的，至於攘夷這種根本行不通的，能夠敷衍就盡量敷衍。就天皇這邊來說，天皇的歷代祖先雖然從未將政權「委任」給德川將軍，政權是被對方搶去的，這是歷史事實，可是現在雙方已經同意推翻這個事實，而製造出新的事實——德川家的政權是來自於天皇的「委任」。這麼一來，不但更加確立將軍是天皇的臣子這層關係，而且更重要的是，假如有一天天皇不想再「委任」將軍掌管政權，而命令將軍繳出政權的話，終於於法有據了。

因此，這個「敕令」對朝廷與幕府雙方而言，可說是皆大歡喜。幕府因此增添了統治的合法性，朝廷則因此為將來可能出現的「王政復古」埋下了伏筆。可是尊攘派卻不滿足，他們趕緊策動天皇修改敕命內容。

果然，過了二天，也就是四月二十四日，將軍德川家茂進宮覲見天皇時，天皇告訴他：「國家大政照往常一樣委任閣下，可是有些政治問題，依情況需要，朕亦可能直接對各藩下指令。」換言之，天皇雖然把政權委任給將軍，可是卻非無條件的委任，當情況需要時，仍可發動一國之君的指揮權。這顯然與二天前天皇對德川慶喜說的話有相當大的出入。

幕府吃了這個暗虧，卻無計可施。更糟的是，在朝廷的壓力下，德川家茂不得不答應於六月二十五日開始發動攘夷。

幕府當然知道以日本現在的國力貿然發動攘夷的話，結果必然是步上中國的後塵。因此，幕府在通知各藩這件事時，便改口說「如果對方(外國)來襲，便予以反擊」，亦即，幕府並不鼓勵各藩於六月二十五日主動攻擊外國。但是卻有一個藩於六月二十五日當天，真的主動攻擊外國，實行攘夷。那就是攘夷的急先鋒——長州藩。

三條磧を望む　島田左近が志士に襲はれて木屋町三條の妾宅より走せんとしは此三條磧であつて遂に捕へられて天誅を加へられた
（幕吏の豪奢の項參照）

照片出自《維新史蹟・京都の巻》。首位遭到「天誅」的島田左近，在前往木屋町的路上遇到薩摩藩田中新兵衛等人襲擊，一度逃走後在翻越善導寺圍牆時被砍殺。死後其首級遭割下掛在京都鴨川河岸邊示眾©國立國會圖書館

島田左近の邸址　堺町丸太町下る西側今の曾野邸である左近の豪奢を極め志士の襲撃を受けたのはこゝである
（幕吏の豪奢の項參照）

第四章 攘夷路線的挫敗

尊攘派的舉動在出發點上是違反歷史潮流（攘夷），結果卻是推動了歷史潮流（倒幕）。

長州藩實行攘夷

長州藩位處本州的西南隅，和九州只隔著下關海峽。下關海峽由於連接瀨戶內海與日本海之故，自古以來便是極重要的海上通道。

一八六三年六月二十五日傍晚，一艘從橫濱出發，預定前往上海的美國商船，來到下關海峽。長州藩的二艘軍艦「庚申號」與「癸亥號」發現這艘美國商船後，採取了攻擊行動。不過由於美國商船的航速較快，因而得以逃脫。

十三天後（七月八日），一艘法國軍艦在下關海峽遭到岸上長州藩砲台以及「庚申號」、「癸亥號」的聯手砲擊。那艘法國軍艦被打得莫名其妙，便放下一隻小木船想前往問明開火砲擊的原由，不料小木船才剛放下，就被長州藩的砲火擊碎。法國軍艦只好且戰且走，在砲火中逃離下關海峽。

三天後（七月十一日），一艘荷蘭艦同樣在下關海峽遭到長州藩砲台與「庚申號」、「癸亥號」的砲擊。該艦艦長本已獲知法國軍艦遇襲的消息，可是他認為荷蘭與日本自古以來便一直維持著很好的關係，長州藩應該會手下留情才對。沒想到長州藩還是照打不誤。結果，這艘荷蘭軍艦被擊中三十多發，除了船隻嚴重受損外，還死了四人，重傷五人。最後勉強逃脫。

長州藩尊攘派此時可真得意到極點，彷彿培里艦隊來航以來日本所受的委屈，在這三場砲擊中得到了充分的發洩。可是他們的得意並無法持續太久。

五天後（七月十六日），美國軍艦「懷俄明號」從橫濱來到下關海峽，對長州藩採取報復行動。結果，長州藩軍艦「庚申號」與「壬戌號」被擊沉，「癸亥號」受重傷，龜山砲台幾近全毀。

四天後（七月二十日），法國軍艦「塞米拉米斯號」與「湯克雷德號」也前來報復。這一艘法艦首先以猛烈的砲火重創長州藩各砲台，然後再由二百五十名陸戰隊隊員登陸摧毀各砲台，並把砲台的彈藥全部丟入海中。

「夷狄」只來了三艘軍艦，就讓長州藩受到這麼重大的損害，這是長州藩尊攘派做夢也想不到的。

有趣的是，長州藩於六月二十五日實行攘夷（史稱下關事件）後，立即向朝廷與幕府報告。朝廷對長州藩的英勇行動讚譽有加，幕府卻極為惱怒，下令長州藩「今後對外國船隻不可再胡亂砲擊！」同樣的舉動卻引來朝廷與幕府正反兩極的反應，站在尊王攘夷立場的長州藩自然對幕府的命令視若無睹，而繼續「胡亂砲擊」外國船隻。

薩英戰爭

長州藩與法國艦隊交戰後約一個月，這回換薩摩藩與英國艦隊交戰。

如前所述，一八六二年九月十四日，島津久光從江戶前往京都的途中，在橫濱附近的生麥村，發生了「生麥事件」。一名英國人被砍死，兩名英國人被砍傷。事件發生後，英方極為震怒，向幕府要求交出行兇者並賠償十萬英鎊。幕府最後雖然賠償了十萬英鎊，可是卻交不出行兇者。因為薩摩藩告訴幕府：「行兇者是一位名叫岡野新助的下級武士，這個人已不知去向。」顯然，薩摩藩不肯交出犯人，而且「岡野新助」根本是個憑空杜撰的假名。

英國眼見幕府命令不動薩摩藩，便決定派艦前往薩摩藩討回公道。一八六三年八月六日，七艘英國軍艦從橫濱出發，八月十一日，抵達鹿兒島灣。翌日，雙方開始以書面往返的方式進行談判。英方要求薩摩藩：①把生麥事件的犯人處以死刑；②賠款二萬五千英鎊。

薩摩藩告訴英方：以書面往返的方式談判太不方便了，不如請英方的談判代表駐日代理公使尼魯與艦隊總司令古柏等人上岸談談。

這是薩摩藩的計謀——萬一雙方談不攏，便可立即捕獲英方的首腦，而居於有利地位。然而英國人豈會那麼容易上當，自然一口回絕。

在談來談去談不出什麼結果的情況下，英方再也按捺不住，於八月十五日動手捕獲了停泊在鹿兒島灣內的三艘薩摩藩蒸汽船。這三艘蒸汽船是薩摩藩以高價向歐洲購買的，分別為七四六噸的「天祐號」（購價十三萬八千美元）、五三二噸的「白鳳號」（購價九萬五千美元）以及四九二噸的「青鷹號」（購價八萬五千美元）。

於是雙方展開了砲戰。薩摩藩參與戰鬥的砲台有十多處，總共有八十三門砲，使用舊型的球狀砲彈，射程一公里。英方的七艘軍艦總共擁有一百多門砲，使用最新型的圓錐狀砲彈，射程四公里。兩邊的火力頗為懸殊。可是薩摩藩卻占了一點便宜，那就是英艦所停泊的位置正好是薩摩藩砲台平常演習砲擊的假想目標。因此，薩摩藩的砲雖然數目較少，火力也較弱，命中率卻較高。

結果，英軍戰死十三名，負傷五十名；薩軍戰死五名，負傷十多名。英國的七艘軍艦幾乎艘艘中彈，分別受到輕重程度不等的損害；薩摩藩則除了砲台遭受嚴重破壞，以及損失了數艘船隻外，鹿兒島市由於受到英艦的砲擊，市內有五百戶民家被砲火燒毀，連島津齊彬建造的「集成館」也難逃摧毀。

就人員的傷亡來說，英方的損失較大，可是就硬體被破壞的程度而言，則是薩摩藩較為慘重。雙方可說是兩敗俱傷。

英國軍艦眼看占不了什麼便宜，便於翌日離開鹿兒島灣。

這場「薩英戰爭」產生了一個意外的結果，那就是薩摩藩與英國不打不相識，雙方的關係在戰後愈來愈親密。

就薩摩藩這邊來說，前文曾經提過，薩摩藩前藩主島津齊彬是位英明而極有遠見的人，他在位期間，延聘各方著名的蘭學者，全力引進西方科技，使得薩摩藩的軍備武力雄冠各藩。後來島津齊彬去世後，薩摩藩的軍事力雖然多少有點衰退，可是卻依舊是全日本各藩中（幕府除外）最強大的。薩摩藩以此自負，島津久光也是因為有這股軍事力作後盾，才敢縱橫於京都與江戶。

然而，與英國一仗打下來，薩摩藩才知道西方武器之精良，遠遠超過了己方。對方的大砲射程為四公里，己方的大砲射程卻只有一公里。下回對方的軍艦若停在較遠的地方砲擊，那薩摩藩豈不只有挨打的份？

薩摩藩的決策層本來就不熱衷攘夷，前藩主島津齊彬還是個開國論者，主張攘夷的只是底下的一些武士，而這些武士在經歷過「薩英戰爭」後，大多已覺悟攘夷是一件不切實際的事。因此，「薩英戰爭」之後，「開國」成了薩摩藩的共識。既然如此，今後與英國的關係就應該是「和」，而不是「戰」。

就英國這邊來說，英國自鴉片戰爭以來，在中國耀武揚威、無往不利，認為中國不堪一擊；來到日本後，也是懷著類似的心態。沒想到與薩摩藩一仗打下來，竟然落得個兩敗俱傷的結果，並沒有占到什麼便宜。從此，英國對薩摩藩刮目相看，覺得與薩摩藩硬碰硬不是好辦法，能和就和。

就在這種雙方都有和解意願的情況下，英薩於橫濱展開了談判。薩摩藩答應賠償英方二萬五千英鎊（相當日幣七萬兩），並答應處罰生麥事件的犯人。

七萬兩雖然是一筆龐大的金額，可是薩摩藩卻一點兒也不吃虧，因為這筆鉅款是向幕府借來的。幕府起初以「財政拮据」為理由，不肯借，島津久光的謀臣大久保利通便放話恐嚇：「如果幕府不肯借七萬兩，我就先殺死英國公使，再切腹自殺。」幕府擔心事態惡化，只好借錢。而這筆七萬兩的借款，薩摩藩始終沒有還。

經過「薩英戰爭」與橫濱談判之後，英國人發現了三件事：

一、薩摩藩的武力不容小覷。

二、薩摩藩並不主張攘夷，是個可以溝通的對象。

三、幕府命令不動薩摩藩，已喪失中央政府應有的權威。

和美、法等國一樣，英國一直認為幕府是日本唯一合法的中央政府，將軍是最高統治者，可是「薩英戰爭」之後，英國修正了這種看法，認為日本將來有可能會出現一個以薩摩藩為中心的雄藩聯合政府。

八・一八政變

現在我們再把焦點移到京都。

前面曾經提過，在「天誅」的橫行下，從一八六二年夏到一八六三年夏，京都成了尊攘派的天下。將軍德川家茂上京後，尊攘派策動朝廷，逼迫將軍答應於一八六三年六月二十五日實行攘夷。可是將軍雖然口頭上答應，卻陽奉陰違，過了六月二十五日仍沒有什麼顯著的攘夷行動。長州藩認真攘夷，還挨了幕府一頓罵。尊攘派對此極為不滿，便計劃策動天皇實行倒幕（推翻幕府）。

然而，孝明天皇雖然也是個攘夷論者，卻沒有想要倒幕。對他而言，尊攘派的倒幕計畫實在太過激進，也太過危險了。

於是，在孝明天皇的授意下，中川宮朝彥親王、前關白近衛忠熙父子、右大臣二條齊敬等公武合體派公卿密謀發動政變，把尊攘派趕出京都。政變的執行工作則交由會津藩與薩摩藩負責。

幕府派駐京都的最高指揮官原本是「京都所司代」，後來由於京都的情勢愈來愈混亂，幕府便於一八六二年增設一個權貴在「京都所司代」之上的職位，叫「京都守護職」，並由親幕府的會津藩藩主松平容保擔任。公武合體派公卿請松平容保出兵趕走尊攘派，松平容保自然一口答應。

至於薩摩藩為什麼也答應參與政變，理由很簡單，因為島津久光也是主張公武合體，也是反對尊攘激進派。島津久光於一八六二年六月說服朝廷派遣敕使大原重德和他一塊兒赴江戶時，是何等意氣風發，可是當年九月他回到京都時，發現京都已經成為尊攘派的天下，而不得不黯然離開時，又是何等懊惱。如今，公武合體派公卿要他出兵趕走尊攘派，他豈有拒絕之理？而且「薩英戰爭」之後，更加讓他確定激進攘夷是條錯誤的路線。

一八六三年九月三十日（陰曆八月十八日），政變發動。當天凌晨一點左右，中川宮朝彥親王、近衛忠熙父子、三條齊敬等公武合體派公卿，以及京都守護職松平容保、京都所司代稻葉正邦（淀藩藩主）相繼入宮。會津藩、薩摩藩與淀藩的藩兵則進入皇宮，將皇宮周遭的九道宮門緊緊鎖上，不准任何人進入。

接著，孝明天皇與公武合體派公卿舉行緊急朝廷會議。會議中決定：①禁止尊攘公卿進宮，並且予以軟禁；②堺町門（九個宮門之一）的警衛工作原先由長州藩負責，今後予以免除，改由薩摩藩接替。

此時，被摒除在皇宮外面，不得其門而入的尊攘派公卿，只好與長州藩士（京都尊攘派的主力）以及各藩的尊攘派一起退到大佛妙法院。這群總數二千六百人的京都尊攘派就在這裡共商對策。

朝廷現在已完全落入公武合體派手中。這場政變究竟是不是天皇的真意，尊攘派無從得知。然而，即使不是天皇的真意，又能如何？難道尊攘派敢攻入皇宮，「奪回」天皇？他們當然不敢。莫說武力不及對方，「攻擊皇宮」可是一個天大的罪名，誰敢來承擔？

結果，尊攘派決定先撤離京都再說。第二天早晨十點左右，三條實美、三條西季知、澤宣嘉、東久世通禧、四條隆歌、錦小路賴德與壬生基修七名公卿，跟著長州藩兵離開京都，前往攘夷急先鋒的長州藩避難。

另外還有一小部分的尊攘派留在京都，可是他們只能做地下工作，不敢像以前一樣公然活動。因此，對尊攘派來說，京都已經「淪陷」了。

這場政變因為發生在陰曆八月十八日，故稱之為「八・一八政變」。

尊攘派對這場迅雷不及掩耳，以致讓他們措手不及的政變很難釋懷。他們毫無與天皇見面的機會，就被趕出了京都。究竟天皇的真意如何？這場政變是出自於天皇的意思呢？還是「佞臣」（公武合體派公卿）假借天皇的名義發動的？尊攘派無從得知。當然，尊攘派傾向於相信後者，因此他們不肯就此罷休，他們矢志要捲土重來，奪回京都以及天皇。**天皇成了政治鬥爭的最大關鍵，誰「掌握」了天皇，誰就占據優勢。「八・一八政變」證實了這一點。**

尊攘派雖然懷疑天皇的意志遭到扭曲，可是從下列這封天皇寫給中川宮朝彥親王等人的信，就可明白看出天皇是站在支持政變的立場。

「攘夷原本是皇國的一件大事，朕也為此而苦心積慮。可是三條實美等人的粗暴做法，實在令朕痛心。他們一點也不照朕的想法去做，而且與浪士之輩謀議，自作主張，任性妄為。他們表面上說是為了重振朝威，可是實際上卻違反了朕的真意。⋯⋯如今，無恥的國賊三條實美等人被逐出京都，這真是國家的大幸，令朕深為喜悅。」

「八・一八政變」之後，京都的尊攘派勢力被掃除乾淨，由公武合體派公卿取而代之。朝廷立即命公武合體派中最具實力的島津久光上京。島津久光興高采烈地率領一萬五千名藩兵（包括步槍隊十二隊與大砲隊二隊）於十一月十三日抵達京都。

島津久光及旗下智囊此時懷著一個重組日本政治結構的藍圖。這個藍圖大致是這樣：

一、幕府權威日益衰頹，已喪失單獨統治日本的能力。

二、朝廷無錢、無兵，更無企圖心，當然也沒有能力統治日本。

三、因此，新的政治結構應以天皇為名義上的最高統治者，實際的政權則操在由各雄藩與幕府聯合組成的政府手裡。

四、為了達成這個目的，現階段先設立一個由各雄藩大名與幕府代表組成的「參預會議」。「參預會議」的工作是擬定各項政策，並上奏給天皇，天皇若同意，便交由幕府實施。

於是，在島津久光的策動下，與島津久光理念相近的舊一橋派大名——松平慶永、山內豐信、伊達宗城，以及昔日一橋派極欲擁立為將軍繼嗣的德川慶喜（現在是將軍後見職），加上將軍德川家茂，全都被朝廷叫來京都。

成立「參預會議」

翌年（一八六四年）二月七日，天皇任命德川慶喜（將軍後見職，代表幕府）、松平容保（負責京都治安的最高指揮官）、松平慶永、山內豐信與伊達宗城五人為「參預」。島津久光因為無位無官，便趕緊由天皇授予「從四位下左近衛權少將」，於二月二十一日就任「參預」。

如島津久光所願，「參預會議」成立了。對幕府而言，現在面臨兩個抉擇，一個是乖乖地接受島津久光的安排——讓「參預會議」騎在幕府的頭上，成為幕府的上級機關。如果幕府不願接受這樣的安排，那麼另一個抉擇就是設法解散「參預會議」。幕府當然選擇了後者。

「參預會議」所商討的第一個問題是要不要關閉橫濱港。根據一八五八年日美雙方簽訂的通商條約，橫濱已於一八五九年七月四日開港，現在怎麼會有關閉橫濱港的問題呢？原來，「八．一八政變」之後，孝明天皇仍舊念念不忘「攘夷」，因而不斷向幕府施壓。幕府幾經考慮，決定以關閉橫濱港來討好天皇，並於一八六四年二月六日派使節赴法國，打算先求得法國的同意後，再要求其他歐美國家同意。

「關閉橫濱港」原本是幕府討好天皇的手段，可是「參預會議」成立後，這個問題就成了幕府摧毀「參預會議」的引爆劑。因為幕府知道以島津久光為首的舊一橋派成員一定會站在「開國」的立場，反對關閉橫濱港。如果幕府命令德川慶喜在「參預會議」中堅決主張關閉橫濱港，而島津久光等人又不肯讓步的話，「參預會議」不就瓦解了嗎？而且孝明天皇是站在「關閉橫濱港」這邊，等於幕府與天皇成了戰友，共同對抗雄藩，如此一來，島津久光等人的野心（重組政治結構）就很難達成了。

果然，如幕府所預料，在「參預會議」中，代表幕府的德川慶喜堅決主張關閉橫濱港，島津久光、伊達宗城、松平慶永等人則持反對意見，雙方僵持不下，最後不歡而散。

三月二十七日，山內豐信辭掉「參預」一職，返回土佐藩。四月，德川慶喜、松平慶永、伊達宗城、島津久光、松平容保也相繼辭去「參預」。「參預會議」就此瓦解。

禁門之變

「八．一八政變」之後，以長州藩為首的尊攘派被趕出了京都，可是他們很不甘心，認為這場政變應該不是出自於天皇的意思，即使是出自於天皇的意思，天皇也必定是被佞臣所矇騙，才會對尊攘派產生「誤解」。因此，「八．一八政變」之後，尊攘志士仍舊不斷地潛入京都，準備伺機奪回天皇與京都。

可是這回他們卻碰上了很厲害的對手——新撰（選）組。

新撰組是幕府於一八六三年組成的殺手集團，專門用來對付尊攘志士。他們的劍術相當了得，紀律也很嚴厲，任何成員若做了什麼讓組織蒙羞的事，只有死路一條。「八．一八政變」之後，新撰組便整天在京都的大街小巷尋覓尊攘志士的蹤影。

一八六四年七月初，一名叫做古高俊太郎的尊攘志士被新撰組捕獲。新撰組在古高的家中搜出了一些秘密文件，得知尊攘志士正在籌備的二個計畫，一個是放火燒皇宮，並趁著混亂之際，把天皇「送」到長州藩。另一個是暗殺中川宮朝彥親王與松平容保。

尊攘志士聽到古高被抓的消息後，趕緊於京都的一家旅館「池田屋」聚會，商量對策。這群尊攘志士總共有二十多名，包括長州藩的木戶孝允（明治維新三傑之一）、吉田稔麿、杉山松助，土佐藩的北添佶摩，以及肥後藩的宮部鼎藏等人。

不料，尊攘志士於「池田屋」聚會的事又被新撰組探知。七月八日晚上十點，新撰組闖入「池田屋」，與尊攘志士展開激鬥，沒多久，京都所司代屬下的三千兵卒也趕來支援。結果，尊攘志士死的死，被捕的被捕，只有木戶孝允等二、三名志士得以逃脫。這就是「池田屋事件」。

尊攘派的龍頭長州藩接獲「池田屋事件」的消息後，整個藩瀰漫著激昂憤慨的情緒。「八．一八政變」之後，長州藩本來就心理很不平衡，現在聽到志士在京都被殘殺、逮捕的消息，哪裡按捺得住。於是便由長州藩的三名家老率領藩兵前往京都。尊攘派的理論大師真木和泉，以及長州藩的尊攘派大將久坂玄端等人也隨軍同行。

長州藩出兵的名義表面是要向朝廷要求解除藩主毛利敬親所受的冤罪（因為「八．一八政變」之後，長州藩主毛利敬親被朝廷冠上「不忠不義」的罪名），可是實際上仍舊打算伺機奪回天皇與京都。

八月十九日，長州軍與幕府聯軍（包括幕府軍、薩摩藩軍、會津藩軍等）在京都市內展開激戰。戰況相當慘烈，長州藩的大砲還對著皇宮猛轟，其中一枚砲彈落在皇太子祐宮（後來的明治天皇，當時十二歲）的房間前面，把祐宮震得當場昏倒。

結果，長州由於寡不敵眾而慘敗，多數尊攘志士也在這場戰役中戰死或自殺，包括久坂玄瑞與真木和泉在內。京都則受戰火波及，大火連燒三天三夜，總共燒毀了二萬八千戶民宅。

這場戰役，由於雙方在蛤御門（皇宮九道禁門之一）附近的戰鬥最為激烈，因而被稱之為「蛤御門之變」或「禁門之變」。

「禁門之變」是以長州藩為首的尊攘派所做的最大膽、最強烈的反撲。而

他們的慘敗也意味著尊攘派的歷史使命至此可謂劃下了句點。

尊攘派的意識形態其實和中國的義和團很類似。他們認為日本是神國，是全世界獨一無二了不起的國家，這麼一個了不起的神國，卻於一八五三年培里艦隊來航之後，飽受「夷狄」的欺凌侮辱，這口氣叫他們怎麼嚥得下？因此他們要攘夷（趕走夷狄）。另一方面，幕府不但不攘夷，接二連三地向「夷狄」低頭妥協，而且還大力鎮壓尊攘派，因此他們（尊攘派）憤而將攻擊的箭頭也朝向了幕府。

就歷史發展的角度來看，攘夷是一項違反世界潮流的舉動。因為唯有敞開國門，全力吸收西方的科學、民主文明，讓日本早日脫胎換骨成為現代國家，才是順從世界潮流的明智之舉。因此，就這個角度來看，尊攘派顯然是反動派。

可是尊攘派攻擊幕府，讓幕府的權威每況愈下，卻又是一項推動歷史的舉動。怎麼說呢？因為幕府是封建時代的統治者，幕府的決策層在下種種決策時，腦中所考慮的總是把如何維持或強化德川家的政權列為最優先，當日本的利益與德川家的利益相衝突時，幕府一定選擇犧牲前者。而且幕府想要攘夷的心思不見得不如尊攘派，只是一旦發動攘夷，第一個被「夷狄」攻擊的肯定是代表日本的幕府，幕府怎肯吃這個虧？因此，在幕府這個舊時代統治者的統治下，日本很難汰舊換新，成為真正的現代國家，唯有推翻幕府，另外樹立一個較具改革企圖心的新政府，日本才有可能擺脫舊時代、舊文明的束縛。

因此，很奇妙的，尊攘派的舉動在出發點上是違反歷史潮流（攘夷）**，結果卻是推動了歷史潮流**（倒幕）。

縱然如此，這絕非尊攘派的本意。他們的本意是攘夷，誰反對攘夷，他們就攻擊誰。他們為了「尊皇攘夷」的信念，拋頭顱、灑熱血，前仆後繼，這種雖千萬人吾往矣的精神的確令人感動，而且在歷史的發展上也起了很大的推動作用，可是他們卻沒有足夠的知識與眼光。他們想要打倒幕府，卻完全沒有建設新日本的藍圖。他們的視野只看到打倒幕府，幕府倒了之後呢？那是一片空白。

他們只具匹夫之勇，只是感情用事，缺乏冷靜的計算與對大局的觀察。這是他們在「禁門之變」慘敗的主因。他們完成了歷史使命，也步下了歷史舞台。接下來推動歷史往前進的主角必須由智勇雙全的人擔任。他們不僅要擁有拋頭顱、灑熱血的精神。而且必須對如何推翻幕府，以及推翻幕府之後如何重組新政權等，有冷靜的計算與策劃的能力。

四國聯合艦隊vs.長州藩

長州藩是攘夷的急先鋒，也是反幕府反得最兇的藩，因此一直是幕府的眼中釘。「禁門之變」（一八六四年八月十九日）之際，長州藩竟然砲打皇宮，這個舉動無論是故意或無心，無論是出自於什麼樣的動機，都已經犯了大逆不道的罪名。換言之，長州藩砲打皇宮的舉動，不僅砸毀了自己的「勤王」招牌，而且還揹上「朝敵」的罪名。

幕府抓到了長州藩的這個大辮子，怎會輕易放過？當然要大大地鳴鼓而攻之，重重地修理長州藩不可。於是，幕府便策動朝廷，讓朝廷於八月二十四日下令征伐長州藩，幕府則於翌日（二十五日）下令與長州藩鄰近的二十一個藩準備出兵。九月，幕府任命前尾張藩主德川慶勝為征長總督，越前藩主松平茂昭為副總督。

長州藩可真是流年不利，惡運當頭。一八六三年的「八．一八政變」，長州藩被公武合體派趕出了京都，藩主毛利敬親還被朝廷冠上「不忠不義」的罪名。為了洗刷這個冤屈，三名家老揮軍北上，爆發了「禁門之變」，結果損兵折將不打緊，又被冠上更嚴重的「朝敵」罪名。現在，幕府逮到機會，準備大舉出兵征討長州藩。而且，屋漏遍逢連夜雨，征長軍還沒來犯，長州藩便已遭到英、美、法、荷四國聯合艦隊的猛烈攻擊。

前面曾經提到長州藩於一八六三年六月二十五日發動攘夷，砲打經過下關海峽的美國商船、法國軍艦與荷蘭軍艦，結果遭來美艦與法艦於翌月的報復攻擊。之後，長州藩並沒有因為美、法的報復而放棄敵視外國的姿態，因此外國船隻依舊無法航行下關海峽。這令外國人極為不滿。

當時，西方各國的對日外交以英國為馬首。英國駐日公使歐爾柯克眼看日本國內的攘夷聲浪日漸高漲，便打算趁這個機會，聯合西方各國共同以武力制裁長州藩，讓長州藩以及其他攘夷派見識西方武力的強大，並因而放棄攘夷的主張。

一八六四年五月三十日，英、美、法、荷結成軍事同盟。七月，幕府接獲四國的通知，內容是：

二十天以內，長州藩若不改變對外國船隻的敵視態度，並保證將來外國船隻經由下關海峽時的航行安全，四國將採取軍事行動。

幕府對四國的通知當然做不出什麼有效的因應。因為幕府根本命令不動長州藩，幕府還真希望四國能夠重重地「教訓」長州藩一頓呢。

當時，長州藩士伊藤博文、井上馨等人正在英國留學。他們於一八六三年抵達英國以來，見識到西方文明的強盛，也了解攘夷根本是一件愚蠢的事，現在突然接獲英、美、法、荷四國正準備聯合攻打長州藩的消息，知道長州藩一定不是四國的對手。伊藤博文與井上馨便顧不得繼續求學，趕緊束裝返國，打算說服長州藩決策層，要他們放棄攘夷，以避開這場必敗無疑的戰爭。

兩人抵達橫濱港後，先與英國駐日公使歐爾柯克會面，要求四國聯合艦隊暫緩出發。歐爾柯克答應了。兩人又趕緊回長州藩展開說服工作。可是面對毫無西方經驗的長州藩尊攘派，兩人的說服終告徒勞。

一八六四年八月二十八日，四國聯合艦隊從橫濱港出發，前往長州藩。聯合艦隊由十七艘軍艦組成，其中，英國軍艦九艘，砲一六四門，士兵二八五〇人；法國軍艦三艘，砲六四門，士兵一一五五人；荷蘭軍艦四艘，砲五六門，士兵九五一人；美國軍艦一艘，砲四門，士兵五八人。合計軍艦十七艘，砲二八八門，士兵五〇一四人。由英國海軍中將任聯合艦隊總司令，法國海軍少將任副總司令。

講和條約

九月五日，聯合艦隊開始攻擊。戰鬥延續了四天，結果不問可知，長州藩慘敗，沿岸的砲台幾乎全毀。長州藩不得已，只好於九月十四日與四國講和，並簽下講和條約如下：

一、今後外國船隻經過下關海峽時，長州藩必須和氣對待。

二、長州藩必須將煤炭、水、食物以及其他的船上耗用品賣給經過的外國船隻。

三、外國船隻在鄰近的海上遇難時，得登陸長州藩。

四、長州藩不得建築新砲台，被四國聯合艦隊摧毀的砲台也不得修復。

五、長州藩應對四國賠償，賠償的金額等四國公使議定後再通知。

講和條約的第五項賠款問題，本來規定由長州藩支付，可是後來四國公使商量過後，認為長州藩之所以會在一八六三年六月二十五日實行攘夷，砲打外國船隻，都是因為朝廷與幕府下的命令，因此這個責任必須由日本的中央政府——幕府來負，幕府必須賠償四國三百萬美元（分六次繳納，每次繳納五十萬美元，一年繳納四次）。四國代表並告訴幕府，如果幕府覺得這筆賠償金額太過龐大，而不願繳納，那也無妨，只要幕府答應將下關或瀨戶內海沿岸一處適當的港口開放給外國船隻，那就可以免付這筆賠款。結果，幕府因為害怕開港又會引來朝廷的指責，因而寧願選擇賠款。

收錄於《近世名士寫真》的井上馨照。其父為（位於今山口縣）萩藩藩士，活耀於尊皇攘夷運動。明治維新後歷任大藏大輔、參議兼工部卿、外務卿等官職©國立國會圖書館

收錄於《近世名士寫真》的伊藤博文照。其父林十藏為（位於今山口縣）萩藩的下級藩士養子，於松下村塾師從吉田松陰，與木戶孝允、高杉晉作等人共同為尊皇攘夷運動挺身而出©國立國會圖書館

收錄於《近世名士寫真》的高杉晉作照。其父為（位於今山口縣）萩藩藩士，曾就讀藩校明倫館和松下村塾，指揮第二次長州征討，隔年病逝於馬關©國立國會圖書館

位於今山口縣萩市的円政寺，相傳為高杉晉作與伊藤博文年幼時期的念書之地©遠足文化

前面曾經提過「薩英戰爭」結束之後，英國向薩摩藩要求二萬五千英鎊的賠償，結果這筆錢是由幕府代墊。現在長州藩與四國之間的戰後賠償，仍舊是由幕府掏腰包。幕府由於身負「中央政府」（雖然一點也沒有中央政府的權威）的名義，因而不得不替薩摩藩與長州藩惹出來的麻煩負賠償責任，幕府可真是啞巴吃黃連，有苦說不出。

四國聯合艦隊挫敗長州藩之後，長州藩內部起了一個很大的變化，那就是原先強烈主張攘夷的志士當中，很多頭腦轉得比較快的人察覺到攘夷的不切實際。他們坐下來一面聆聽伊藤博文與井上馨的西洋經驗，一面冷靜地思考日本的未來。

如同「薩英戰爭」讓薩摩藩的尊攘派得到了反省的契機一樣，四國聯合艦隊也讓長州藩放棄了幼稚的攘夷主張。如果沒有這樣的改變，薩摩藩與長州藩不可能在日後的明治維新擔起最重要的角色。**如果沒有這樣的改變，日本的尊攘派或許會和中國的義和團一樣，以愛國為名，卻替自己的國家惹來天大的災難。**

第五章
幕府與長州藩的戰爭

幕府要求各藩出兵共同討伐「朝敵」長州藩，可是大多數的藩卻不願意參與這場戰爭，征長軍開始發動攻擊後，長州藩幾乎無役不勝。

第一次長州征討

現在我們再把焦點轉到幕府討伐長州藩一事。在幕末史上，幕府前後討伐了長州藩兩次，一次是在一八六四年「禁門之變」之後，另一次是在一八六六年。因此，一八六四年的討伐就稱為「第一次長州征討」，一八六六年的討伐就稱為「第二次長州征討」。

在「第一次長州征討」之中，薩摩藩的西鄉隆盛扮演了極重要的角色。我們曾經提過，西鄉隆盛於一八五八年抱著月照和尚躍入錦江灣自殺，結果月照死了，西鄉隆盛卻於三天後甦醒過來。後來，由於幕府仍舊想緝捕西鄉隆盛，薩摩藩索性把西鄉流放到九州南方的奄美大島，以免麻煩。一八六二年，島津久光允許西鄉回薩摩藩，可是西鄉與島津久光合不來，惹火了島津久光，因而又被流放到外島。

然而，西鄉隆盛在薩摩藩士之中頗受愛戴，大久保利通等人也力勸島津久光重用西鄉，因此島津久光又於一八六四年將西鄉召回薩摩藩，並派遣西鄉前往京都負責統率京都的薩摩藩兵。

「禁門之變」一役，京都的薩摩藩兵在西鄉的指揮下，驍勇善戰，痛擊長州藩兵。因此，幕府決定出兵討伐長州藩時，西鄉隆盛便被任命為征長軍的總督參謀。而且由於征長軍總督德川慶勝非常信任西鄉隆盛，大大小小的事都交由西鄉負責處理，因此征長軍的實際大權可說操在西鄉手裡。

西鄉隆盛任掌總督參謀之後，立刻派遣密探潛入長州藩收集情報，因而得知長州藩對如何因應幕府討伐一事內部分成二派，即武備恭順派與單純恭順派。武備恭順派認為表面上可先派人與征長軍作政治談判，暗中卻加緊充實軍備，一旦談判破裂，便不惜一戰。單純恭順派則認為長州藩經過「禁門之變」與四國聯合艦隊砲轟下關砲台兩役之後，元氣大傷，很難打贏這場仗，因此無論付出什麼代價，都得與征長軍達成和解。

其實，征長軍這邊也有一個困難。那就是幕府雖然下令各藩出兵討伐長州藩，可是大多數藩卻覺得這場戰爭「事不關己」，而且一旦出兵，就得擔付龐大的軍事費用，因此大都表現得意興闌珊，能夠敷衍就盡量敷衍。

「不戰而勝」的戰略

因此，西鄉隆盛在權衡這兩種情況（長州藩內部意見分歧與各藩缺乏戰意）之後，覺得與其和長州藩硬碰硬，掀起一場大戰，而落得國困民窮的結局，倒不如採取「不戰而勝」的戰略。

征長軍十五萬人已經對長州藩佈好包圍陣勢，並定十二月十六日為總攻擊日。西鄉隆盛趕緊在總攻擊發動之前，透過種種關係向長州藩的決策層告知征長軍的意向，亦即，只要長州藩能以具體行動表示出低頭認罪的誠意，征長軍便馬上停止攻擊計畫。

西鄉隆盛的戰略果然奏效。十二月九日，長州藩向幕府表達恭順之意，命令「禁門之變」時率兵北上的三名家老切腹自殺，並處死了四名參謀。之後，還派人把三名家老的首級送到廣島的征長總督大本營。征長總督大本營收到首級後，便下令各藩暫緩攻擊。

征長軍雖然暫時停止攻擊計畫，可是還沒有撤軍。征長軍總督德川慶勝與西鄉隆盛商議後，對長州藩提出了三項撤軍條件，即：

一、長州藩主毛利敬親父子必須親筆寫一封謝罪書。

二、長州藩須拆毀其最重要的城堡山口城。

三、「八．一八政變」後逃到長州藩的五位尊攘派公卿（本來有七位，其中一位已離開長州藩，另一位病死）必須移送到其他藩。

長州藩接獲了這三項的撤軍條件後，立即實施了前二項，第三項則由於五位公卿與長州藩諸隊的反對，而無法實行。

諸隊又稱為有志隊。前面曾提過，一八六三年七月，長州藩因實行攘夷，而遭受美艦與法艦的報復攻擊。事後，藩政府覺得必須創設一支強力的軍隊，因而命令高杉晉作（吉田松陰的門生，尊攘派志士的首領之一）組織。這支軍隊叫做奇兵隊。為什麼叫奇兵隊呢？因為在江戶時代，打仗是武士的義務，也是權利，一般民眾根本與槍劍無緣，可是奇兵隊的成員卻不限於武士身分，士農工商任何人都可加入，因而叫做奇兵隊。

之後，類似的軍事組織陸續誕生，有膺懲隊、游擊隊、集義隊、義勇隊、八幡隊、南園隊、御楯隊、鴻城隊、第二奇兵隊、力士隊等等。這些隊總稱為諸隊，是長州藩的軍事主力。

西鄉隆盛得知長州藩之所以無法答應將五卿移往他藩，最大的阻力是在於諸隊的反對，因此便決定親自前往長州藩說服諸隊。西鄉隆盛的這個舉動風險極大。為什麼呢？因為長州藩對薩摩藩懷有極深的敵意。一八六三年的「八・一八政變」是薩摩藩與會津藩聯手將長州藩趕出京都，一八六四年的「禁門之變」又是薩摩藩與會津藩、桑名藩等合力擊垮長州藩。長州藩的尊攘派志士對薩摩藩與會津藩可說恨之入骨，有些志士還在木屐的底面寫上「薩賊會奸」四字，天天踐踏，以洩心頭之恨。

西鄉隆盛不僅是薩摩藩士，而且還是這回征長軍的總督參謀，以這樣的身分竟然敢深入虎穴，要求對方讓步，西鄉隆盛的膽子的確大得驚人。西鄉周遭的人自然一再地勸他不要冒生命危險前往長州藩。可是西鄉卻說：

「他們不敢殺我，殺了我只會使他們的處境更糟。」

西鄉隆盛真的有把握長州藩那群血氣方剛的志士不敢殺他嗎？或者是當年他打算與月照一同殉死，卻一人獨活後，便將生死置之於度外？甚至在潛意識裡，一直在尋找死亡的機會，以解脫對月照的愧疚？

一八六五年一月八日，西鄉隆盛帶著二名手下，前往長州藩諸隊的大本營——下關，與諸隊的首領高杉晉作、山縣有朋等人會面，展開說服工作。

西鄉隆盛的勇氣與誠意感動了對方。結果，雙方達成妥協，亦即，征長軍先撤兵解散，長州藩再將五卿移到筑前藩。

一月十四日，征長軍總督德川慶勝下令撤兵。就這樣，「第一次長州征討」根本沒有開打，便已落幕。

這樣的結局產生了二個影響，一個是原本想重重教訓長州藩的幕府，覺得這樣的結局太過便宜了長州藩，因而仍舊想找個機會再度討伐長州藩。另一個影響是，長州藩原本對薩摩藩懷有極深的敵意，可是這回在西鄉隆盛的縱橫折衝下，長州藩只付出了少許的犧牲，便得以免去一場浩劫，因而不但對西鄉隆盛個人產生了好感，也大幅降低了對薩摩藩的敵意。**長州藩對薩摩藩的這種態度上的改變，可說是給未來二藩聯手倒幕的歷史性壯舉埋下了種子。當然，這顆種子是西鄉隆盛埋下的——即使他當時並不一定有這樣的企圖。**

關係的改善

現在我們再把焦點移到長州藩。前面曾經提到，征長軍包圍長州藩時，長州藩內部分裂成「武備恭順派」（原來的尊攘激進派）與「單純恭順派」（保守派）。結果，「單純恭順派」取得優勢，掌握政權，並對「武備恭順派」進行鎮壓。可是沒有多久，以高杉晉作為首的「武備恭順派」便展開攻擊，打敗「單純恭順派」，重掌政權。

長州藩由「武備恭順派」掌握政權後，與幕府的關係更加對立。「武備恭順派」也知道幕府對「第一次長州征討」的結局極為不滿，絕不會就此罷休，因此為了因應即將來臨的第二次戰爭，長州藩必須趕緊進口大量的西洋槍砲才行。

可是「禁門之變」之後，長州藩成了「朝敵」，幕府便以此為由，要求各國不得賣武器給長州藩，長州藩只好靠走私進口武器。然而走私畢竟是偷偷摸摸，數量上無法滿足長州藩的需求。

就在長州藩陷入這個困境時，薩摩藩伸出了援手。

薩摩藩與長州藩原本是敵對關係，可是後來由於下列幾個原因，而使得雙方的關係由敵對而轉趨友好，並且由友好而升級成結盟。

第一，長州藩原本強烈主張攘夷倒幕，可是伊藤博文、井上馨等人前往英國留學之後，發現攘夷根本不可行，加上四國聯合艦隊以「實力」讓長州藩的尊攘志士覺悟攘夷的不切實際。之後，攘夷的聲浪在長州藩便愈來愈小，取而代之的是開國倒幕的主張。

另一方面，薩摩藩原本主張公武合體，並無意推翻幕府，可是「參預會議」的瓦解證明公武合體路線行不通，薩摩藩因而逐漸趨向倒幕。此外，「薩英戰爭」的結果也讓薩摩藩內的尊攘派明白攘夷的不切實際。結果，薩摩藩也和長州藩一樣，趨向主張開國倒幕。

雙方的意識形態由歧異轉為相近，這是關係改善的一大原因。

第二，如前所述，西鄉隆盛為長州藩化解一場浩劫，同時也化解了彼此的敵意。

第三，土佐藩士坂本龍馬與中岡慎太郎的居中調和。

幕末的志士大致可分成二種類型，一種是依附於藩體制，借用藩的力量來達成自己的理想的志士；另一種是離開藩，單槍匹馬（當然，他們也會結交志同道合的志士）投入政治活動的志士。西鄉隆盛、大久保利通、木戶孝允等人屬於前者，坂本龍馬則是後者的代表。

體制型的志士由於參與現實政治的運作之故，格局往往較大，思考也較具彈性；相反地，非體制型的志士由於遠離現實政治之故，格局通常較狹隘，思考也較一廂情願，他們所能幹的「大事業」很難超越「天誅」的層次。

有洞見的坂本龍馬

坂本龍馬（一八三五—六七）卻是極少數的例外之一。他雖然屬於非體制型志士，格局之大與思考之柔軟並不亞於任何一位體制型志士。他的思想總是能隨著他的人生歷練而不斷成長。有這麼一則有趣的傳說。

有一回，坂本龍馬看見一位志士腰間佩掛著一柄很長的武士刀，便從懷裡掏出一把匕首，說：

「真正在緊急的時候，長刀反而礙事，倒不如匕首來得輕便靈活。」

過了一段期間後，坂本龍馬再度碰見那位志士，發現對方果然接受了自己的建議，捨棄長刀，改帶匕首。不料，坂本龍馬又從懷裡掏出一把手槍，說：

「刀子已經落伍了，這個才是最好的防身武器。」

又過了一段期間，坂本龍馬又碰見那位已經改佩手槍的志士，這回坂本從懷裡掏出一本《萬國公法》，說：

「時代不同了，你們這些動不動就想用武器解決問題的人，遲早會被淘汰掉，今後的時代必須靠這個。」

這則傳說由於情節太過巧妙，是否真有其事很令人懷疑，不過卻也頗能描繪出坂本龍馬洞徹時代變遷並且立即拋棄舊想法的卓越能力。

坂本龍馬是土佐藩一位鄉士的次男。一八五三年，十八歲的他前往江戶，拜在北辰一刀流千葉定吉的門下，修習劍術。這年剛好是培里艦隊來航的那一年。坂本龍馬在當時寫給父親的家書中，有這麼一段話：

異國船隻接踵而來，近期內或許會爆發戰爭。屆時，我希望能砍下異國人的頭顱，以榮歸故里。

由此可見，坂本龍馬當時的思想層次與一般尊攘志士並沒有什麼兩樣。可是翌年（一八五四年），他回到土佐藩並認識了儒學者兼畫家的河田小龍後，視野便寬廣起來。

土佐藩有一名叫中濱萬次郎的漁夫，於一八四一年出海捕魚時遇難，經過半年的海上漂流，被一艘美國的捕鯨船救起，並送到美國。中濱萬次郎在美國接受了英語、數學、航海術、測量術等教育後，於一八五〇年回到日本。

河田小龍得知這件事後，便去拜訪中濱萬次郎，詳細詢問中濱萬次郎在美國的所見所聞，並以此寫成一本書《漂巽紀略》。

此外，河田小龍還於一八五四年奉土佐藩之命，前往最熱心於研究西洋科技的薩摩藩，參觀那兒的反射爐、熔礦爐等設施。

因此，坂本龍馬認識了河田小龍之後，便從河田那邊獲得很多海外知識以及薩摩藩發展西洋科技的狀況。這些知識開拓了坂本龍馬的視野，讓他的心不再只專注於修習劍道以及「砍下異國人的頭顱」。

第二個影響坂本龍馬的人是勝海舟（一八二三—一八九九）。

勝海舟於二十二歲時拜在蘭學者永井青崖的門下，學習蘭學。培里艦隊來航時，勝海舟上書老中阿部正弘，主張開國貿易，因而受到阿部正弘的賞識，任用為幕府的翻譯官。接著，又被幕府派遣到長崎的海軍傳習所，接受荷蘭人的訓練，而學得西洋船艦的航海技術。一八六〇年，幕府為了與美國交換通商條約的批准書，派遣使節赴美，並由勝海舟率領「咸臨號」護航。勝海舟返國後，官愈做愈大，於一八六二年升任軍艦奉行（相當於海軍總司令）。

由上述經歷也可得知，勝海舟是幕府官僚中極少數具有西洋經驗的開明人物，因此他對幕府的封閉守舊習氣也深為不滿。當他從美國返日後，幕府的幾位老中把他叫去，問道：

「美國與日本，什麼地方最不一樣？」

勝海舟想了一想，回答道：

「最不一樣的是，在美國，擔任政府要職的人都是有能力的人。」

言下之意，幕府中擔任要職的高官都是靠家門世襲，以至於沒有能力的人也能掌握大權。

由於勝海舟的西洋色彩濃厚，又主張開國貿易，因此被部分尊攘志士戴上了「奸賊」的帽子。一八六二年，坂本龍馬與另一名志士千葉重太郎一起去拜訪勝海舟。名為拜訪，其實是想探知勝海舟是否如傳言所說，是出賣日本的奸賊。如果真如傳言所說，就打算當場把對方刺死。

主客坐定後，勝海舟開門見山，說：

「兩位大概是來殺我的吧！」

坂本龍馬與千葉重太郎嚇了一跳。勝海舟不等對方答話，繼續說：

「不過，在殺我之前，請先聽聽我對時局的一些看法。」

坂本龍馬與千葉重太郎此時殺氣盡失，只是點點頭。勝海舟繼續說：

「你們主張攘夷，一天到晚想的就是如何殺洋人，如何把他們統統趕出日本。這樣的想法太膚淺了。想想看，你們的劍術再高超，能夠抵擋人家的堅船利砲嗎？光憑血氣之勇成不了什麼大事。真正要攘夷的話，首先必須充實國力，添購軍艦，培養能夠操縱軍艦的人才。這樣才是救國之道。你們反幕府，老實說，我也覺得幕府不會有什麼大作為，將來日本還得靠你們這些年輕人去振興。所以，別再浪費精力做無益的事了。」

坂本龍馬曾經從河田小龍處獲得一些海外知識，因此馬上就能了解勝海舟一番話的意義。他感動地低下頭，雙掌平貼榻榻米，說：

「先生的一席話真如暮鼓晨鐘，令人茅塞頓開，請收我為弟子，以便時時聆聽先生卓見。」

於是，從這天開始，坂本龍馬成為勝海舟的入門弟子，跟著勝海舟學習航海技術。當時，他在寄給家中姊姊的一封信裡，提到這件事時，這麼寫道：

「今天，我成為全日本最了不起的人物勝海舟的弟子。」

由此可見坂本龍馬對勝海舟是如何地折服。

薩長同盟

一八六三年，幕府在神戶設立海軍操練所（海軍學校），由勝海舟擔任校長，坂本龍馬擔任學生長。可是勝海舟的辦校理念與幕府的不合，勝海舟打算替「日本」培養出一群海軍人才，幕府卻意在培養「幕府」自己的海軍人才。更令幕府不滿的是，勝海舟所招收的學生當中，有很多是持反幕立場的尊攘志士。因此，幕府便於一八六四年解除勝海舟的職位，並且關閉海軍操練所。

當時，海軍操練所中有不少學生是坂本龍馬介紹進去的，操練所關閉之後，這些學生一時不知何去何從。坂本龍馬覺得大伙兒的航海技術才學得一點皮毛就要解散，未免可惜，便透過勝海舟的安排，與薩摩藩達成協定，亦即，薩摩藩答應借一艘船給坂本龍馬，由坂本龍馬以及舊海軍操習所的一部分學生在長崎設立一家海上運輸公司。這樣，坂本龍馬等人便可以一邊做生意，一邊學習航海技術。條件是，這家運輸公司的盈利必須分一部分給薩摩藩。

一八六五年七月，運輸公司「社中」成立後，坂本龍馬開始進行他的另一個大計畫，那就是促成薩摩藩與長州藩這一對冤家握手言歡。

如前所述，「第一次長州征討」之後，長州藩急於購買西洋槍彈，可是又受限於幕府的嚴密監視，而找不到門路。於是，坂本龍馬便取得薩摩藩與長州藩的同意，以薩摩藩的名義向外國軍火商購買武器，再由「社中」的商船運到長州藩。另外，長州藩也答應透過「社中」把米糧賣給薩摩藩。

坂本龍馬促成薩摩藩與長州藩的經濟合作關係後，接著又著手促進雙方達成政治合作。與坂本龍馬聯手進行這項計畫的是中岡慎太郎。

中岡慎太郎與坂本龍馬一樣，也是土佐藩出身的志士。一八六三年「八．一八政變」發生之時，他正在京都從事尊攘運動，政變之後，他便跟著七卿逃到長州藩。

坂本龍馬與薩摩藩很熟，中岡慎太郎則在長州藩的尊攘志士間擁有廣泛的人脈，而且相對薩摩藩與長州藩而言，坂本與中岡都是第三者，因此這兩人可說是居間促成薩摩藩與長州藩達成政治合作的最佳和事佬。

於是，在坂本龍馬與中岡慎太郎的奔走折衝下，一八六六年三月七日，薩摩藩的代表與長州藩的代表在京都的薩摩藩邸舉行了一場歷史性的密會。薩摩藩的代表是西鄉隆盛與小松帶刀（薩摩藩家老），長州藩的代表是木戶孝允，居間作見證人的是坂本龍馬。結果，雙方達成了六項協定。

一、長州藩若與幕府發生戰爭，薩摩藩便立刻派二千兵士前往京都，派一千兵士前往大阪，控制這兩地的情勢。

二、長州藩若在戰爭中居於優勢，薩摩藩應盡量向朝廷說長州藩的好話。

三、萬一長州藩居於劣勢，薩摩藩應盡力予以救援。

四、幕府若尚未開戰便撤兵（和第一次長州征討一樣），薩摩藩應上奏朝廷，解除長州藩的冤罪（長州藩此時還是「朝敵」）。

五、如果德川慶喜、京都守護職、京都所司代等幕府勢力挾持朝廷，百般阻撓薩摩藩對朝廷的說項工作（為長州藩洗刷冤罪），薩摩藩便與幕府翻臉，向其宣戰。

六、長州藩的冤罪若得以解除，今後薩長兩藩應真心誠意地為振興皇國、恢復皇威而攜手努力。

一八六六年三月七日的這場密會，以及密會中所達成的六項協定，史稱「薩長同盟」。「薩長同盟」充分顯示了幕末志士的成長。過去他們僅具血氣之勇，腦中想的只是要攘夷，誰反對攘夷，就幹掉誰，經過幾番挫折後，他們懂得坐下來冷靜地規劃未來——戰爭發生時怎麼辦？不發生時怎麼辦？打贏時怎麼辦？打輸時怎麼辦？所有可能的結局都列入他們的考慮。這種縝密的態度哪裡是過去不惜犧牲生命也要硬拚到底的尊攘志士所能比擬？

薩摩藩與長州藩這兩大雄藩的結盟，固然是由坂本龍馬與中岡慎太郎從中協調湊成，可是如前所述，如果沒有西鄉隆盛在「第一次長州征討」時對長州藩的寬大處置，以及這兩藩在政治主張上的趨於一致，很難產生這樣的結果。

第二次長州征討

薩長兩大雄藩的結盟對幕府是一項非常大的威脅，可是幕府對此事卻毫不知情，而且正興致勃勃地準備發動第二次長州戰爭。

一八六六年六月，幕府宣布由將軍德川家茂親自率兵征討長州藩。為什麼要由將軍親自出馬呢？因為幕府認為上次征討長州藩時，將軍沒有親征，長州藩便乖乖臣服，這次由將軍親征，聲勢更為浩大，必定更容易讓長州藩低頭認罪。至於征討長州藩的理由，幕府只是很曖昧地宣稱「因為長州藩圖謀不軌」。顯然是個相當牽強的藉口。

六月九日，由將軍率領的征討軍浩浩蕩蕩地從江戶出發，七月，抵達京都。將軍進宮向天皇報告此次出兵征討長州藩的理由後，前往大阪，並以大阪為大本營。

幕府接下來的動作就是要求各藩出兵共同討伐「朝敵」長州藩。可是大多數的藩卻不願意參與這場戰爭，因為他們認為：

一、幕府征討長州藩的理由太過牽強。

二、出兵的話，需要花費龐大的軍事費用，嚴重影響藩的財政。

三、幕府若贏得這場戰爭，便會造成幕權的高漲，而強化對各藩的控制。

此時，薩摩藩的意向廣為各方注目。為什麼呢？因為薩摩藩是武力最強大的雄藩，只要薩摩藩願意與幕府並肩作戰，即使其他藩採取中立，幕府依舊有十足的勝算。然而，薩摩藩已經和長州藩密結同盟，怎會答應幕府的要求呢？

幕府老中板倉勝靜為了說服薩摩藩參戰，命令薩摩藩邸派一位重臣到大阪城會談。大久保利通知道後，便自願赴會。兩人見了面，板倉勝靜自然是開口要求薩摩藩出兵，大久保利通卻假裝患了耳疾而誤聽對方的話，說：

「什麼！幕府要討伐薩摩藩？薩摩藩到底犯了什麼罪？」

板倉勝靜被大久保利通這個突來的奇招弄得手足無措、思緒大亂，趕緊解釋道：

「不，不是要討伐貴藩，是要討伐長州藩。」

大久保利通依舊板著臉孔，說：

「那也不成，幕府攻打長州藩是一種私鬥的行為，名不正，言不順。這種莫名其妙的戰爭，敝藩一名兵士也不出！」

兩人自然不歡而散。

五月二十八日，大久保利通向幕府提出正式的出兵拒絕書。板倉勝靜以沒有薩摩藩主的具名為由，退回出兵拒絕書。於是大久保利通又以薩摩藩主的名義，提出拒絕書。板倉勝靜收到後，暴跳如雷，怒責大久保利通說：

「薩摩藩離這兒那麼遠，書信往返起碼也得花一個月，怎麼可能二、三天內就接到薩摩藩主具名的拒絕書？」

大久保利通神色不改，說：

「敝藩主已經全權委任我處理此事。」

板倉勝靜辯不過大久保利通，卻仍舊退回拒絕書。大久保利通也不示弱，再度提出拒絕書，如此一來一往好幾回，板倉終究奈何不了大久保，不得不放棄說服工作。

薩摩藩的拒絕出兵嚴重打擊了征長軍的士氣。新撰組的隊長近藤勇前往廣島與長州藩的使節會談後，向會津藩作了如下的報告：

「長州藩的使節表面上裝作很恭順的姿態，骨子裡卻懷著決一死戰的打算。他們不會同意任何的讓步。至於幕府軍方面，雖然大軍接踵而至，可是毫無士氣可言，每個兵士都在採購禮品，期盼早日撤軍返鄉。在這種情況下開戰的話，我方一點勝算也沒有。因此，如果長州藩願意在形式上低頭認罪，幕府最好不要再追究。」

連以豪勇見稱的近藤勇都如此不看好幕府的征長軍，這場仗的結果如何可想而知。

果然，征長軍於一八六六年七月十八日開始發動攻擊後，長州藩幾乎無役不勝。長州藩的勝因主要有下列三點：

一、長州藩軍的武器配備大多是這幾年從西方進口的新式槍砲，幕府軍的武器配備則極為老舊。

二、長州藩軍擁有多次對外作戰與內戰的經驗，幕府軍則多半無作戰經驗。

三、長州藩軍擁有明確的作戰目的，士氣旺盛，幕府軍則不知為何而戰，士氣低落。

就在幕府軍節節敗退的時候，一八六六年八月二十九日，坐鎮在大阪的將軍德川家茂因腳氣病發作而去世，得年僅二十歲，將軍在任期間八年多（一八五八—六六）。

征夷大將軍

第十四任將軍德川家茂去世後，德川慶喜成為幕府內部一致認同的最佳繼任人選。當年為了將軍繼嗣問題，支持德川家茂的南紀派與支持德川慶喜的一橋派演出了一場激烈的政治鬥爭。結果，一橋派慘敗，德川慶喜不但當不成將軍候補，而且還被井伊直弼列入整肅的對象。如今，物換星移，周遭的每個人都要他繼承德川宗家與將軍職位，此時，他反而有些猶豫。

如果八年前由德川慶喜擔任第十四任將軍，或許還有一番作為，可是八年後，局勢已經變得非常險惡，誰出來擔任將軍，誰就得收拾這個爛攤子。聰明的德川慶喜不會看不出這個情況。可是，他不出來收拾，誰出來收拾呢？

在周遭的苦勸下，德川慶喜終於答應了繼承德川宗家，可是對將軍一職卻一直不肯答應接受。

這是德川慶喜以退為進的戰略。首先他得擺出堅決拒絕將軍一職的姿態，如此一來，幕府內部甚至朝廷必然會以大局為重為由苦苦相求，屆時，他便可以開出接受將軍一職的條件，亦即，他一旦上任，可以隨心所欲地進行改革，任何人包括老中都不得反對。

果然，一切如德川慶喜所預料，老中們不得不答應他開出的條件。一八六七年一月十日，天皇任命德川慶喜為征夷大將軍。

德川慶喜擔任第十五任將軍後，大刀闊斧地實施了很多政治與軍事上的改革，讓人耳目一新。薩摩藩與長州藩等倒幕派看到這個情形，無不憂心忡忡。長州藩的志士領袖木戶孝允還禁不住讚嘆道：

「德川慶喜的膽略實在不容小覷，簡直是德川家康再世。」

然而，德川慶喜再怎麼英明，時機畢竟已經太晚。他的種種改革只是德川政權二百多年來最後的迴光返照罷了。歷史當然不會有「如果」，可是，如果當年一橋派能贏得政爭，讓德川慶喜擔任第十四任將軍，他必然會重用島津齊彬、橋本左內之類的智慧人物，協助他進行種種改革，那日本的近代史又會是何種面貌呢？

德川慶喜繼承德川宗家後，本來打算親赴前線征討長州藩，後來獲知戰況極為不利的消息後，便打消此意，並以將軍德川家茂去世為理由，請朝廷下旨宣布停戰。就這樣，德川家茂的去世給了幕府一個很好的下台階。倘若這場仗繼續打下去的話，幕府軍最後必然得丟盔棄甲落荒而逃，這對幕府的權威自然是一個嚴重的打擊——堂堂幕府居然打不過一個小小的外樣藩。因此，德川家茂恰好在這個節骨眼去世，可說是替幕府維持了一點顏面。這或許是德川家茂對幕府所做出的最大貢獻吧。

一八六七年一月三十日，也就是德川慶喜擔任將軍後的第二十天，這回換孝明天皇去世，享年三十五歲。後繼者是年僅十五歲的明治天皇（一八五二—一九一二）。

根據御醫的診斷，孝明天皇是死於疱瘡，然而，當時的朝廷內外卻流傳著天皇是死於毒殺的謠言，而且還有人指名道姓，認為是岩倉具視下的手。

究竟孝明天皇的真正死因是什麼？若是他殺，兇手又是誰？直到現在依舊是個謎。不過，按照常理推斷，倒幕派或倒幕派的岩倉具視的確有毒殺孝明天皇的動機。其動機有兩個：

一、倒幕派主張推翻幕府，可是孝明天皇完全沒有此意，他寧願維持現狀，也就是由幕府負責實際政務。因此對倒幕派而言，孝明天皇的存在是一大障礙。若能除掉孝明天皇，繼任者是年僅十五歲的明治天皇，對倒幕不倒幕根本沒有任何成見，而且明治天皇的外祖父中山忠能主張倒幕，將來不難透過中山忠能策動明治天皇偏向倒幕。

二、倒幕派此時已傾向開國主張，而孝明天皇卻是個頑固的鎖國攘夷論者。開國或攘夷，這個決定日本未來命運的重大選擇，雙方的想法南轅北轍，毫無交集。若能除掉孝明天皇，問題便迎刃而解。

因此，不論孝明天皇的死因是什麼，他的死皆有利於倒幕派，而不利於幕府。

【第二篇】

建設新國家

第六章 明治政府的成立

德川慶喜戰敗後，德川幕府名實俱亡。
天皇下詔書把江戶改名為東京，
將元號由慶應改為明治，東京成為明治政府的首都。

大政奉還

第二次長州戰爭證明幕府已經完全失去統治日本的能力。這不僅是因為堂堂的幕府軍被西南邊陲的外樣藩打敗，更因為幕府號令不動各藩攻擊長州藩。換言之，此時的幕府空有中央政府之名，卻無中央政府之實。

因此，明眼人都看得出來，日本的政府結構已經到了重新改編的時候了。

否則再這樣下去，日本就不是個統一的國家，而是個各藩割據（幕府實際上也淪落成一個普通的藩）、各自為政的分裂國家。屆時，日本不但將內戰頻仍，耗損民族力量，而且還很可能被西方列強蠶食鯨吞。

那麼，日本的政治結構要如何改編呢？新的中央政府要如何誕生呢？舊的中央政府（幕府）要如何把政權移轉給新的中央政府呢？針對這些問題，當時主要有二種主張，一種是大政奉還論（和平移轉政權），另一種是討幕論（武力移轉政權）。首先，我們來看看大政奉還論。

大政奉還論的首倡者是土佐藩士坂本龍馬。前面曾經提過，坂本龍馬於一八六五年七月在長崎設立運輸公司，一方面從事運輸貿易，一方面替薩摩藩與長州藩牽線。一八六七年三月，土佐藩前藩主山內豐信的心腹後藤象二郎前來長崎拜訪坂本龍馬。後藤象二郎拜訪坂本龍馬的主要目的是想借用坂本龍馬的航海技術來促進土佐藩的商業貿易，豐潤土佐藩的財政。坂本龍馬便藉這個機會，向後藤象二郎大力推銷他個人的大政奉還論。

後藤象二郎覺得坂本龍馬的構想可行，便邀請坂本龍馬和他一同赴京都去見山內豐信（此時山內在京都）。於是，一八六七年七月，兩人一起搭船前往京都。

在船上時，坂本龍馬把他的大政奉還論整理成八條，拿給後藤看。這就是著名的「船中八策」。內容如下：

一、幕府將政權交還給朝廷，改由朝廷下政令。
二、設立上下二個議會，以討論、議決政事。
三、延聘優秀的公卿、諸侯以及任何有才能的人為政府顧問，賜予官爵，淘汰尸位素餐的官僚。
四、外交問題應廣徵眾議，並修訂不平等條約。
五、折衷日本舊有的法律，訂定憲法。
六、擴建海軍。
七、成立直屬天皇的御親兵，以防衛京都。
八、金、銀與各種商品的比價應與外國維持均衡。

由上述「船中八策」可知，坂本龍馬主張未來新日本的體制應該是君主立憲制。在這個新的體制下，天皇雖享有國家元首之名，實際的政治中心卻在上下二議會，所有的政事經過上下二議會討論、議決後，才交由天皇頒布實施。至於天皇是否有權反對議會議決的法案，以及上下二議會的議員如何產生等問題，坂本龍馬都沒提及。或許他認為這些問題在將來的憲法中自然會明文規定吧。

無論如何，坂本龍馬是幕末志士當中，第一個提出建國構想的人。當絕大多數的志士腦中還只有「尊王倒幕」之類初級層次的概念時，坂本龍馬的思考層次已經抵達「設立議會」、「訂定憲法」，甚至「修訂不平等條約」和「調整國內金、銀、商品的比價」等高級問題上。坂本龍馬的格局之大與眼光之遠的確令人驚嘆。

「只換招牌，不換老闆」

後藤象二郎的政治理念遠比坂本龍馬保守，因此他雖大致接受了坂本的構想，卻做了一些修飾。他認為未來新日本的立法機關應由各藩藩主（包括幕府將軍）組成，立法機關的首長則由將軍擔任。土佐藩前藩主山內豐信也覺得這樣較為可行（將軍比較可能同意）。

於是，山內豐信便依據後藤象二郎的方案，寫了一封「大政奉還建白書」，命後藤於一八六七年十月二十九日呈遞給將軍。

其實，這時候的德川慶喜以及其底下智囊已經察覺到幕府無法再統治日本，而正在檢討「大政奉還」的利弊得失。如果「大政奉還」之後，德川慶喜依舊能夠在新政府中掌握最高的權力，那麼表面上德川慶喜是將政權交還給天皇，實際上卻仍然握有政權。就好比招牌雖然換新了，老闆卻仍是舊人一樣，有何不可？不，這樣反而更好。幕府原本是處在「空有中央政府之名，卻無中央政府之實」的艱困狀態，「大政奉還」之後，很可能反過來，變成「雖無中央政府之名，卻有中央政府之實」。

事實上，德川慶喜的智囊之一——西周已草擬了一部憲法。根據這部憲法，德川慶喜以及往後的德川宗家繼承人將擔任全國的最高行政首長，兼立法機關的首長，甚至若情況允許，還打算掌握全國軍隊的統率權。權力之大，與皇帝沒什麼兩樣。至於天皇，只能「認可」立法機關議決的法案，連否決權都沒有。名為天皇，其實只是橡皮印章罷了。

因此，當德川慶喜收到山內豐信的「大政奉還建白書」之後，便順水推舟地同意，並於十一月九日上奏朝廷，請朝廷允准「大政奉還」。

坂本龍馬的「船中八策」原本是想以不流血的方式，把幕府的政府移轉到新政府手中，並且在憲法與議會等架構下，將新日本脫胎換骨成比較接近西方模式的現代國家。可是這樣的構想，經過後藤象二郎的修飾，到了德川慶喜手中，卻變質成企圖維繫（甚至強化）德川家權力的「只換招牌，不換老闆」的策略。

討幕派當然不肯坐視德川慶喜的詭計如願以償。他們必須趕緊採取行動推翻幕府才行。當時，日本各藩的立場大致如下：

長州藩——最積極主張武力討幕。

薩摩藩——原則上主張武力討幕，可是也不排除大政奉還的可能性。

土佐藩——主張大政奉還，不過一部分藩士主張武力討幕。

安藝藩——立場介於薩摩藩與土佐藩之間。

宇和島藩、越前藩——立場接近土佐藩，不過稍具親幕色彩。
會津藩、桑名藩——親幕色彩鮮明。
其他藩——隔岸觀火，不願太早表明態度。

西鄉隆盛與大久保利通的想法和長州藩一樣，主張武力討幕，可是另一方面卻也和主張大政奉還的土佐藩頻頻接觸。因此表面上看起來，西鄉與大久保採取的是「腳踏兩條船」策略，局勢對哪一條路線有利，便選擇哪一條路線。然而實際上，西鄉與大久保之所以如此「左擁右抱」，也是有原因的。

首先，薩摩藩內有一部分人認為武力討幕風險太大，薩摩藩現在已是全日本最強的藩，應該珍惜現有的地位，沒有必要再走險路。針對藩內這種反對聲浪，西鄉與大久保必須做出適度的妥協。

其次，西鄉與大久保認為幕府不可能答應交出政權。因此，何妨先贊同「大政奉還論」，等「大政奉還論」因幕府的拒絕而挫敗時，便可堂而皇之地要求大政奉還派加入武力討幕的行列。

因此，西鄉與大久保雖然表面上贊同「大政奉還論」，其實內心卻期待「大政奉還論」的挫敗。他們一方面與大政奉還論派虛與委蛇，一方面與倒幕派的急先鋒長州藩以及朝廷內立場相近的公卿岩倉具視等人密切聯繫。

王政復古

一八六七年十一月一日，大久保利通、品川彌三郎（長州藩士）與岩倉具視、中御門經之（王政復古派公卿）在京都密謀討幕策略。

師出必須有名，討幕也得有個冠冕堂皇的名義才行。經過密謀之後，這四人決定以明治天皇的名義來討伐「逆賊」德川慶喜。只要明治天皇能夠下聖旨給薩摩藩與長州藩，要這兩藩舉兵討幕，那麼原本主張「大政奉還」的人即使不會積極地加入討幕軍，起碼也不至於強烈反對。

七天之後（十一月八日），岩倉具視把明治天皇命令薩摩藩主討伐「逆賊」德川慶喜的詔書（聖旨）交給大久保利通。

翌日（十一月九日），正親町三條實美（王政復古派公卿）也把天皇命令長州藩主討伐德川慶喜的詔書交給廣澤真臣（長州藩士）。

這二件詔書由於①並非明治天皇親筆寫的，②在詔書末尾具名的三位傳旨者中山能忠、正親町三條實美與中御門經之並未蓋章，因此偽造的可能性極高。也就是說，這二件詔書很可能是中山忠能、正親町三條實美與中御門經之瞞著明治天皇聯手偽造的，岩倉具視與大久保利通則是背後的主謀。

正親町三條實美把討幕詔書交給廣澤真臣的這一天，正好德川慶喜也將大政奉還的上表書呈遞給朝廷。翌日（十一月十日），明治天皇允准了德川慶喜的上表，亦即答應收回德川慶喜交出的政權。

日本的政權自十二世紀末期由朝廷落入武人手中以來，到江戶幕府第十五任將軍德川慶喜奉還政權為止，總共長達約七百年。在這七百年當中，朝廷上下就像一群被武人豢養的小動物般，關在京都的宮廷中忍辱偷生。**如今，失落了七百年的政權物歸原主，揚眉吐氣的一天終於來臨，朝廷上下人人奔走相告，洋溢著一片歡欣鼓舞的氣氛**。正親町三條實美於十一月十日的日記上寫道：

大政奉還乃千載之美事，有志之士難抑雀躍之情。

然而，朝廷這種幾近得意忘形的姿態，看在西鄉隆盛與大久保利通眼裡，不免憂心忡忡。畢竟德川慶喜交出的只是政權的「名」，而非政權的「實」。而且朝廷與實際政治隔離了七百年，即使現在掌權，也毫無統治國家的能力。德川慶喜絕非誠心誠意地交出政權，這只是他以退為進的策略罷了。他早已盤算好，朝廷收回政權後，固然會興奮一陣子，可是等興奮過後，便會發覺不知如何「使用」這個期待了七百年的政權。屆時，朝廷還是不得不回頭要求德川慶喜出面統治日本，那麼，德川慶喜便可在新政府中擁有最大的發言權，而順利達到他「只換招牌，不換老闆」的高級政治騙術。

果然，朝廷興奮了幾天之後，發覺不知如何「使用」政權，只好一方面「拜託」德川慶喜暫時繼續掌理政權，一方面下旨命令全日本各藩諸侯急速前來京都共商善後。

然而，到十二月為止，奉旨上京的只有薩摩、越前、尾張、安藝、彥根等少數幾個藩的藩主而已，其他絕大多數的藩都按兵不動。他們有的是因為摸不清楚狀況，寧願靜觀其變，有的則是認為「大政奉還」必定是薩摩藩與長州藩的陰謀，因而不願輕易上京，以免得罪了幕府。

局勢的發展一切都在德川慶喜的算計之中——朝廷收回了政權，卻不知如何行使，命令各藩前來共商善後，各藩卻動也不動。再這麼拖下去，朝廷只有進一步向德川慶喜低頭了。

倒幕派的薩摩藩與長州藩當然不會坐視這種情況的發生。他們決定採取行動，以武力推翻幕府（雖然在名義上幕府已不存在了）。討幕計畫的第一步是派遣軍隊赴京都，控制整個京都，然後再以天皇的名義正式討伐德川慶喜。

十二月八日，薩摩藩主島津忠義率領三千藩兵，分乘四艘軍艦，從鹿兒島出發，十二月十八日，抵達京都。在此之前，薩摩藩已經陸續派遣軍隊駐屯於京都，因此加上島津忠義率領的三千藩兵，現在總共有一萬名薩摩兵聚集在京都。

長州藩因為仍舊是「朝敵」的身分，無法和薩摩藩一樣派兵入京都，因此便由家老毛利內匠率領一千二百名諸隊，分乘六艘軍艦，於十二月二十日出發，並於二十四日進駐位於大阪西方的西宮。另外又派遣後續部隊一千三百名前往尾道駐屯待命。

立場原本搖擺不定的安藝藩也被長州藩說服，派遣三百名藩兵進駐京都。

就這樣，在一八六七年十二月下旬，薩、長、藝三藩的軍隊已陸續抵達京都、大阪一帶，佈好討幕的陣勢。

發動政變

不過，討幕陣勢雖已佈置妥當，西鄉隆盛與大久保利通依然覺得勝算不夠。因為：

一、親幕色彩極為鮮明的會津藩與桑名藩現在仍以京都守護職與京都所司代的名義，派重兵駐守京都，負責京都的治安與宮門的警衛工作。加上德川慶喜也率領一部分幕府軍留駐在京都市內的二條城。如果現在就與幕府正式攤牌，說不定天皇會落入幕府手裡，而根據這幾年來的政治鬥爭經驗，天皇落在誰手裡是勝敗的一大關鍵。

二、朝廷以及大政奉還派的土佐藩對德川慶喜自動交出政權頗為滿意，現在若突然發動討幕，名義上不太站得住腳，也很難獲得朝廷與土佐藩等第三勢力的認同。

因此，為了解決上述二個問題，大久保利通、西鄉隆盛與岩倉具視決定於一八六八年一月二日發動政變。他們的計畫是這樣：

首先於一月二日清晨，以天皇的名義命令薩摩、土佐、尾張、越前、安藝五藩的諸侯以及倒幕派的公卿進宮。接著，再以上述五個藩的藩兵控制住皇宮的九個禁門，取代京都守護職（會津藩）與京都所司代（桑名藩）的宮門警衛工作。如此一來，天皇就牢牢地掌握在倒幕派手裡。

第二個步驟是立刻召開朝廷會議，由天皇宣布「王政復古」，並命令德川慶喜辭官、納地。辭官就是辭去朝廷授予的內大臣官職，納地就是要德川慶喜從德川家所屬的四百萬石領地中拿出一半納還給天皇——這才是大久保利通等人的真正目的。如前所述，德川慶喜雖然交出了政權，可是那只是政權之名，非政權之實，土地與人民的管轄才是政權之實。因此，若能強迫德川慶喜交出二百萬石的土地與住在其上的人民，天皇才能擁有某種程度的政權之實。而且，大久保利通等人算準德川慶喜絕不可能交出二百萬石的領地給天皇，屆時，便可以德川慶喜拒絕納地為理由，名正言順地發動武力討幕。

不過，這個政變計畫卻有一個難以測知的變數，那就是土佐、尾張、越前這三藩是否願意充分配合。這三藩和薩摩藩一樣，都是昔日一橋派的成員，也都是「安政大獄」的受害者，因此在某種程度上，他們具有尊王反幕的色彩，這是無庸置疑的。不過，他們是否會支持、參與倒幕，那就很難講了。尤其土佐藩的前藩主內山豐信，個性有點固執，一向主張「公議政體」——由各藩諸侯組成新政府，並以德川慶喜為首長。

無論如何，箭在弦上，不得不發。

大久保利通等人商妥政變計畫之後，把計畫的內容透露給後藤象二郎，並要求後藤全力協助。後藤以主君山內豐信正在入京途中為由，要求政變延後十天。可是這麼重大的事怎能說延就延呢？最後雙方同意延後一天，於一月三日發動政變。

一月二日，山內豐信抵達京都。後藤象二郎立刻向他報告大久保利通等人的政變計畫。山內豐信聽完後，極為不悅，認為大久保利通等人採取這種「挾天皇以令諸侯」的手段太過卑劣，何況德川慶喜已交出政權，「公議政體」即將實現，沒理由發動政變。可是後藤象二郎告訴他，現在要反對也來不及了，弄得不好，還可能被戴上「朝敵」的帽子，不如先忍一忍，見機行事。

一月二日夜，攝政二條齊敬等上級公卿，以及滯留在京都的有力諸侯，聚集在宮廷，討論是否要赦免「朝敵」長州藩主父子、岩食具視（一八六二年以來，他就被命令隱居）和「八．一八政變」時被趕出京都的七卿之罪。經過徹夜的討論，直到十月三日早上八點，才原案通過全部赦免。

會議結束後，才剛被赦免的岩倉具視便拿著王政復古令等文案，和同志中御門經之、中山忠能（明治天皇的外祖父）一起參見天皇，向天皇報告實行王政復古的細節。

這個時候（九點左右），薩摩、尾張、越前和安藝的藩兵已經按照計畫，浩浩蕩蕩地前往各處宮門，接收警衛工作。會津與桑名的藩兵見對方來勢洶洶，不敢作什麼抵抗，乖乖地撤離宮門。

本來按照原定計畫，九道宮門之一的蛤御門應由土佐藩兵負責接收，可是由於山內豐信拒絕派兵，只好暫由薩摩藩兵代為警衛。

下午二點左右，所有接到天皇召令的公卿、諸侯，除了山內豐信之外，都已聚集在宮廷內的小御所。猶豫不決的山內豐信也在下午四點進入小御所。

全員到齊之後，明治天皇拿著岩倉具視、大久保利通與國學者玉松操等人聯合草擬的王政復古大號令文案，宣布：

一、從今日起，王政復古，廢除幕府。

二、廢除攝政、關白以及其他朝廷的官職。

三、設立總裁、議定、參與三職，掌理政務。總裁由有栖川宮熾仁親王擔任。議定由二名親王，以及中山忠能、正親町三條實美、中御門經之三位公卿，以及前尾張藩主德川慶勝、前越前藩主松平慶永、安藝藩世子（藩主繼承人）淺野茂勳、前土佐藩主山內豐信、薩摩藩主島津忠義擔任。參與由大原重德、萬里小路博房、長谷信篤、岩倉具視、橋本實粱五位公卿，以及由尾、越、藝、土、薩五藩各自推出三人擔任。

逼迫德川慶喜辭官納地

當天晚上六點開始，第一次三職會議在小御所召開。

明治天皇隔著簾子坐在小御所的最裡面，接下來是總裁有栖川宮與十位議定分坐左右兩側，再下來是預定擔任參與的尾張藩士田宮如雲、丹羽淳太郎、田中國之輔，越前藩士中根雪江、酒井十之丞、安藝藩士辻將曹、久保田平司、土佐藩士後藤象二郎、神山左多衛，薩摩藩士大久保利通、岩下左次右衛門也分坐左右兩側。

議定之一的中山忠能首先講了一段開場白：

「由於德川慶喜已奉還大政並請辭將軍，今日朝廷便斷然允准，以奠定王政之基礎，豎立萬世不拔之國是。現在開始進行會議，請各位奉戴聖旨，暢所欲言。」

山內豐信第一個發言，他說：

「今天召開這個會議的目的既然是要奠定王政的基礎，為什麼沒有邀請德川慶喜出席呢？這樣未免太不公平了吧？希望能趕緊傳德川慶喜出席參加。」

參與大原重德立刻反駁道：

「德川慶喜雖然已經奉還政權，可是那是否是出自真心誠意，很令人懷疑，他必須先以具體的行動來表示其誠心才行。」

「以具體的行動來表示誠心」，山內豐信知道大原重德指的自然是辭官、納地一事。而這也正是召開這場三職會議的最主要目的。

山內豐信再也按捺不住，憤憤不平地說：

「這是什麼話？老實說，今天這件事實在太過陰險。尤其出動那麼多的武裝士兵在宮門內外戒嚴，搞得殺氣騰騰，這在正要施行王政的時候，可說不祥至極。

「再說，二百多年來，天下萬民之所以能享受太平的日子，不正是德川家的功績嗎？現在我們如果把立下如此大功績的德川家排擠在外，便完全喪失公議的精神。」

「何況德川慶喜現在已經拋棄祖先代代相傳的將軍職，奉還大政，他的誠心毫無可疑之處，他的忠誠令人敬佩。而且德川慶喜的英明早為天下所知，我們應該趕緊讓他參加會議，聽聽他的意見。」

山內豐信愈講愈激動，坐在他旁邊的松平慶永發覺不對勁，正想提醒他收斂一點，卻已來不及。山內豐信瞪著坐在對面的岩倉具視，繼續說：

「坦白說，我認為少數二、三位公卿之所以發動今天這場政變，其目的根本是想挾持幼小的天子以掌握權力……」

岩倉具視一聽，立即怒喝道：

「在天子面前，說話怎可如此不謹慎？聖上為了建立大政一新的偉業，以非凡的智慧親下決斷，怎麼可說成是挾持幼小的天子以掌握權力？這樣太過無禮了吧！」

此時，山內豐信也發覺自己失言，便趕緊道歉賠罪。會議的氣氛一時僵住了。

過了一陣子，松平慶永才以和事佬的語氣說：

「據我看，在施行王政之初，我們不該處處挑剔別人的缺失，而遺忘他過去的好處。德川氏維護二百年太平的功績應該足以彌補現在的罪責而有餘。因此我覺得還是請德川慶喜出席會議較好。」

岩倉具視立刻反駁道：

「我承認德川家康奠定了太平的基礎，確有其功績。可是他的子孫卻依仗權勢，對上輕蔑皇室，對下壓制公卿、諸侯，長久以來違逆君臣之義。而且自從癸丑（一八五三年）以來，不把敕命當一回事，對外獨斷專行，與歐美諸國簽訂條約，對內揮舞暴力，處罰憂國的親王、公卿與諸侯，並殘殺了很多的勤王志士。此外，又發動名不正言不順的戰爭，征討長州藩，讓人民吃盡苦頭，讓國家受盡災難。德川慶喜若真的有反省、自責的心，就應該主動地辭退官位，將土地與人民還給朝廷。有了這樣具體的反省行動後，才能允許他參加會議。」

岩倉具視終於把這場會議的真正目的——逼迫德川慶喜辭官、納地，說了出來。

坐在末席的大久保利通也趕緊發言。他首先列舉幕府近幾年來的罪狀，然後說：

「要分辨德川慶喜是正還是奸，不是看他講的話，而是要看他的行動。因此，如岩倉公所說，應該命令德川慶喜辭官、納地，如果他立刻答應的話，便傳他參加會議，如果他拒絕或稍微露出抵抗的態度，便予以討伐。」

後藤象二郎立刻反駁。反駁的內容與山內豐信、松平慶永二人所說的大同小異，不過由於後藤象二郎熟知政變計畫的來龍去脈，因此更能具體地點出這場政變的「陰險性」。這讓岩倉具視與大久保利通一時不知如何反擊才好。

會議主席中山忠能見雙方各執己見，互不相讓，便轉頭問前尾張藩主德川慶勝的意見，德川慶勝回答說贊同山內豐信所言，中山忠能又詢問安藝藩世子淺野茂勳，淺野茂勳也贊同山內豐信；中山忠能再詢問薩摩藩主島津忠義，島津忠義說贊同大久保利通所言。

就這樣，這場會議開到了深夜十二點還沒達成結論。此時大家肚子也餓了，便暫停討論，開始進用宮廷預備的壽司，並稍作休息。這個時候，薩摩藩士岩下佐次右衛門偷偷溜出議場，找回西鄉隆盛，告訴西鄉隆盛會議進行的狀況，並請他提供良策。西鄉隆盛手一揮，說：

「這很簡單嘛！你告訴岩倉公與利通，只要一把短刀，事情就能迎刃而解。」

岩下點點頭，返回議場，把西鄉隆盛的意思傳達給岩倉具視。岩倉具視恍然大悟，心想：

「的確，事情到了這個節骨眼，不下定這樣的決心成不了事。」

他悄悄地在懷裡藏了一把短刀，打算等會議重開時，若山內豐信等人繼續阻撓，那麼即使在天皇面前，也不惜血濺五步。

剛才中山忠能詢問淺野茂勳的意見時，淺野雖然表示贊同山內豐信，可是語氣卻透露出稍許的猶豫。岩倉具視看出這一點，便把淺野叫過來，告訴他不惜動之以武的決心。淺野嚇了一跳，表示願意命手下辻將曹設法說服後藤象二郎。辻將曹接到主人的命令後，便把後藤象二郎叫到一旁，告訴他岩倉具視與西鄉隆盛的決心。後藤象二郎知道事情的嚴重性後，極力說服山內豐信與松平慶永暫時讓步，等將來有機會再設法挽回。山內與松平也不得不同意。

於是，會議重開後，終於達成了命令德川慶喜辭官、納地的決議。松平慶永與德川慶勝因為與德川家有血緣關係，會中便決定由這二人於天亮之後前往二條城說服德川慶喜「主動」向朝廷請求辭官、納地。

會議至此終告結束，政變也大功告成。時間是深夜三點。

西鄉隆盛的挑釁策略

倒幕派雖然於一月三日發動政變，並獲得勝利，可是這個勝利並不很牢靠。首先，德川慶喜依然控制著江戶、大阪、橫濱、長崎等重要都市以及全日本近四分之一的國土，再加上兵力冠絕各藩的軍隊，擁有這麼龐大實力的德川慶喜肯乖乖聽從討幕派的安排，辭官、納地嗎？

其次，山內豐信與松平慶永等人雖然受逼於倒幕派的武力脅迫，不得不於三職會議中讓步，可是他們內心依舊同情德川慶喜。他們認為新、舊政府的交替應在和平中完成，而且德川慶喜也應該在新政府中獲得最高的職位。

此外，參加三職會議的成員當中，除了岩倉具視、大久保利通等立場鮮明的倒幕派之外，大多數的議定和參與，甚至包括中山忠能在內，並不一定能認同會議的決定。

年僅十六歲的明治天皇只是個任人擺布的傀儡，擔任總裁的熾仁親王也只是個政治花瓶，其他大多數的公卿則對王政復古的「名」深感滿足，而不願繼續冒險，與德川家發生武力衝突。

因此，就倒幕派而言，他們雖然以武力控制了宮門內外，也「掌握」了天皇，可是在朝廷內的會議桌上其實屬於少數。外面有德川慶喜虎視眈眈，裡面又意見分歧，槍口無法一致，西鄉、大久保、岩倉等人的焦慮可想而知。

一月四日早上十點，松平慶永與德川慶勝連袂前往二條城拜訪德川慶喜。昨夜的三職會議最後決議派他們二人前往二條城說服德川慶喜辭官、納地。

二條城內到處可見幕府陸軍與會津、桑名的藩兵。這些士兵正處於激昂憤慨的狀態，他們憤怒以薩摩藩為首的「奸賊」竟然採取陰險卑鄙的手段，發動政變，挾持天皇。大多數人都主張應立即出兵，討伐「奸賊」，剷除天皇周遭的佞臣。有些人看到松平慶永與德川慶勝進城，認為這二人與德川家有血緣關係，現在居然出賣德川家，和薩賊同流合污，而破口大罵「老賊」。

松平慶永與德川慶勝見到德川慶喜後，告訴他三職會議已決議要他辭官、納地。德川慶喜說，他的部下正處於亢奮狀態，如果現在就答應辭官、納地，恐怕會更加刺激部下，連他都控制不了。何況德川家的領地名義上雖有四百萬石，實收卻只有二百萬石，如果按照三職會議的要求，拿出二百萬石給朝廷，那德川家豈不什麼都沒了？不過原則上他還是願意尊重三職會議的決定，細節部分則必須與老中們商量過後，再向朝廷答覆云云。

松平慶永與德川慶勝覺得對方言之有理，便答應回朝廷為他說項。接著，二人又勸德川慶喜暫時率兵前往大阪，以免在京都與倒幕派劍拔弩張，發生武力衝突。

當天晚上，松平慶永與德川慶勝回到朝廷，在三職會議中報告交涉結果。大久保利通等人認為德川慶喜的答覆曖昧不明，毫無誠意，應立即出兵討伐。德川慶勝卻拍著胸脯說：

「德川慶喜的辭官、納地，一切包在我身上。」

松平慶永也跟著說：

「我願對天發誓，一定會讓德川慶喜辭官、納地。希望能答應德川慶喜的請求，給他一點緩衝的時間。」

結果會議決定給德川慶喜緩衝的時間。

這個時候，德川慶喜正在二條城苦思。

到底應該聽從部下的意見，立即出兵討伐薩摩藩那批奸賊呢？還是應該接受松平慶永與德川慶勝的建議，暫時退到大阪呢？出兵的話，是否能擊敗對方，實在沒什麼把握，而且一旦向宮廷開砲，勢必會被冠上「朝敵」的罪名，讓倒幕派有更充分的藉口。嗯，與其冒險出兵，倒不如暫時退到大阪，一方面看山內豐信、松平慶永、德川慶勝等人能否為德川家在新政府中爭取到優越的地位，一方面趕緊從江戶調遣大軍前來支援。好，就這麼辦！

一月六日下午六點，德川慶喜率領軍隊從二條城的後門撤出，並於七日下午四點進入大阪城。

德川慶喜抵達大阪城後，立刻著手軍事部署，一方面命令江戶派遣陸、海軍西上，一方面向法國請求派遣軍事顧問團。

在京都那邊，山內豐信等人也極力為德川慶喜說項。一月十五日，山內豐信等人在會議中主張各藩也應該和德川家一樣納地，作為新政府的經費。大久保等人則堅持只讓德川家納地。結果，山內豐信的提議獲得通過。

眼看著德川慶喜一步步扳回劣勢，這個時候，突然從江戶傳來一件重大的消息——幕府派兵攻擊薩摩藩邸（當時各藩在江戶都設有自己的藩邸）並縱火燒毀。這個消息傳到大阪城後，城內原本就呈亢奮狀態的一萬多名幕府軍與會津、桑名藩兵更是群情激昂。另一方面，西鄉隆盛獲知這個消息後，則露出了得意的笑容。

事情的始末是這樣：

去年（一八六七年）十一月，德川慶喜奉還大政後，西鄉隆盛眼看找不到舉兵討伐幕府的藉口，便立即派手下益滿休之助等人前往江戶，把江戶的地痞流氓、浪士等集合起來，以豪門富家為主要對象，肆行勒索、搶劫，破壞治安。西鄉隆盛這麼做有三個企圖：

一、讓幕府有後顧之憂，無法充分派遣軍隊支援德川慶喜。

二、讓世人感覺幕府已完全喪失權威與統治能力，因為幕府連江戶的治安也束手無策。

三、激怒幕府，誘使幕府出兵討伐破壞江戶治安的幕後主謀——倒幕派。

這個破壞江戶治安的策略非常成功，很多與倒幕派沒有任何關係的暴民、盜賊也擅自掛上「勤王」、「倒幕」的名義四處掠奪。江戶的治安一天比一天亂。

一八六八年一月十七日，江戶城內天璋院（第十三代將軍德川家定的夫人，島津齊彬的養女）的女婢所住的房間突然發生火災。市井謠傳這是薩摩藩士放的火，目的是想趁機「奪回」天璋院。當天晚上，薩摩浪士更進一步挑釁幕府，對負責江戶治安的庄內藩營區開砲。

此時，幕府再也無法忍耐，便於一月十九日以一千多名庄內藩兵為主力，包圍薩摩藩邸，要求交出發砲的犯人。薩摩藩邸內的藩士、浪士當然不肯答應。於是雙方展開了一場激戰。結果，薩摩藩邸內的一百五十名藩士與浪士之中，有四十九人戰死，三十人逃離，其餘被捕。薩摩藩邸也付之一炬。

經過這場戰鬥之後，幕府與薩摩藩事實上已處於正面敵對的狀態。因此，消息傳到大阪城後，原本就對「薩賊」恨之入骨的幕府軍更加血脈賁張，眾口一致要求立即揮兵前往京都討伐「薩賊」。德川慶喜與老中板倉勝靜眼看群情沸騰，不知如何安撫，也只好答應主戰派的要求。

本來，山內豐信等人在京都為德川慶喜說項的工作非常順利。按照山內豐信的計畫，德川慶喜只須赴京都表明願意辭官，便可獲得朝廷的好感。至於納地，三職會議已同意包括德川家在內，全國各藩都必須按照一定的比例納地，作為新政府的經費，德川慶喜也願意在這種方式下納地。接下來就是任命德川慶喜為議定，讓他在新政府中握有實際上的最高權力。

山內豐信的這個計畫本來已瀕臨成功，甚至連岩倉具視也動搖立場，主張與德川慶喜妥協。沒想到西鄉隆盛的挑釁策略奏效，逼迫德川慶喜出兵，而使得山內豐信等人的和平路線功虧一簣。

鳥羽、伏見戰爭

一月二十五日，德川慶喜派人赴京都向朝廷呈遞「討薩表」。內容如下：

一月三日以來的事態完全是出自薩摩藩奸臣的陰謀。江戶、長崎、關東各地所發生的騷亂、掠奪事件，也都是該藩藩士的謀略。他們這種東西呼應，想要引發全國動亂的行徑，實在是天人所共憤。因此，請聖上下令將這批奸臣交給臣下。否則，臣下只好自己動手，予以誅戮。

這無疑是一篇向新政府宣戰的文告。德川慶喜已經豁出去了。

一月二十六日早上，一萬五千名幕府軍從大阪出發，北上京都。傍晚，大軍抵達淀城，在這兒過夜。翌日，兵分二路，一支以會津藩兵為先鋒，向京都東南方的伏見推進，另一支以桑名藩兵為先鋒，向京都西南方的鳥羽推進。

京都的新政府於一月二十七日早上接獲幕府揮軍北上的消息後，也立刻派兵前往伏見、鳥羽。伏見方面是以長州藩兵為主力，再加上一部分的薩摩、土佐藩兵；鳥羽方面則是以薩摩藩兵為主力。

當天中午，雙方分別在鳥羽與伏見形成對峙狀態。到了下午五點左右，鳥羽方突然傳來砲聲，伏見的薩摩藩兵便立刻開砲，對面的幕府軍也迅速反擊，**一場決定日本未來的內戰就此全面爆發**。

幕府軍有一萬五千人，新政府軍則只有五千人。在人數上，幕府軍三倍於新政府，顯然占了極大的優勢。可是新政府軍的作戰經驗比幕府軍豐富，更重要的是，新政府軍使用的是新式步槍，幕府軍使用的是舊式步槍，舊式步槍發射一顆子彈所需的時間，新式步槍可以發射十顆子彈。

結果，幕府軍繼「第二次長州戰爭」之後，再度嚐到潰敗的滋味。

一月二十九日晚上，潰敗的幕府軍全數撤往淀城，打算據守淀城，伺機反攻。不料，淀城的藩兵竟然拒絕讓幕府軍進城。

淀城是幕府老中稻葉正邦（此刻正在江戶）的領地，照理講，應該百分之百站在幕府軍這邊，現在卻見風轉舵，背叛了幕府。這對已經吃了敗仗的幕府軍而言，無疑是雪上加霜。

幕府軍不得已，只好繼續南行，渡過木津川大橋後，將橋燒毀，在淀川東岸的橋本紮營休息。當時，幕府軍的友軍——津藩藩兵正據守在淀川西岸的山崎，因此幕府軍指揮官便打算以這二支軍隊（幕府軍與津藩藩兵）來抵抗新政府軍的追擊。

不料，翌日（三十日）天還沒亮，駐屯在橋本的幕府軍便接到對岸津藩藩兵送來的一封信，內容是：

「我們不敢稍忘德川家對我們的恩德，可是我們也收到了聖旨，除了含淚遵循聖旨，別無他法。請各位體諒我們的立場，及早撤兵離開此地。」

天亮後，津藩藩兵不等幕府軍的回覆，便隔岸朝幕府軍開砲攻擊。

幕府軍一再地遭受友軍的臨陣倒戈，士氣渙散到極點，在萬分無奈與沮喪的氣氛下，回到了大阪。

德川慶喜自從一月二十七日開戰以來，便不斷接到從前線傳回來的敗訊，現在看到撤回大阪城的士兵一個個垂頭喪氣，滿臉倦容，知道大阪城守不住了，便打定主義先回江戶再說。

當天（一月三十日）晚上，德川慶喜告訴部下：決定親自率兵，對新政府軍展開反擊。他的部下一聽，士氣大振，趕緊著手部署軍事行動。德川慶喜便趁著部下忙著部署軍事行動的時候，偷偷帶著老中板倉勝靜和松平容保、松平定敬等少數幾名親信，溜出了大阪城，坐軍艦「開陽號」逃回江戶。

第二天，大阪城內的幕府軍發覺居然連德川慶喜也背棄他們遠走高飛時，除了破口大罵之外，當然也各自作鳥獸散。整個關西地區就這樣落入新政府的控制。

這天（一月三十日），新政府下令繼續討伐德川慶喜。

二月十日，新政府宣布與外國親善。

二月十八日，英、美、法、義、荷、普六國宣布局外中立。六國此舉雖然並不意味承認新政府為日本唯一合法的政府，起碼已經否認幕府為唯一合法的政府。

三月，新政府軍兵分三路，直搗江戶。沿途所經各藩紛紛表態歸順新政府，使得新政府軍在幾乎沒有遭遇什麼阻力的情況下，逼近江戶。

此時的幕府分成主戰派與恭順派。主戰派的小栗上野介等人主張向法國求援，徹底抗戰。恭順派的陸軍總裁勝海舟等人則認為，如果幕府向法國求援，新政府說不定也會向英國求援，屆時，本來是一場日本人家務事的內戰，就會演變成列強在日本爭奪勢力範圍的戰爭，而使得日本有亡國之虞。因此，勝海舟等人極力勸說德川慶喜向新政府恭順，並指出唯有這樣才能保住德川家。

結果，德川慶喜接受了恭順派的意見，於三月五日離開江戶城，住進上野寬永寺，以示對新政府的不抵抗之意。

四月五日、六日兩天，西鄉隆盛與勝海舟在江戶的薩摩藩邸談判，達成七項協議。

第一，德川慶喜退隱水戶藩（德川慶喜是水戶藩前藩主德川齊昭的兒子）。第二，江戶城交給新政府軍。第三及第四，軍艦與武器全部交給新政府軍。第五，居住在江戶城內的幕府家臣全部遷往城外。第六，德川慶喜周遭的親信予以寬容處置。第七，不聽幕府命令的頑抗者，新政府軍得予以鎮壓。

五條誓文

當西鄉隆盛與勝海舟在江戶達成七項和平協議的時候（四月六日），明治天皇正在京都皇宮的紫宸殿，率領百官，向天地諸神宣誓建設新國家的五項基本方針。這便是有名的「五條誓文」：

一、廣興會議，萬機決於公論。
二、上下一心，盛行經論。
三、自官武以迄庶民，各遂其志，勿倦人心。
四、打破舊來之陋習，立基於天地之公道。
五、求知識於世界，以大振皇基。

這五條誓文，每一條都洋溢著清新蓬勃的朝氣。尤其是第四條「打破舊來之陋習」，以及第五條的「求知識於世界」，更顯示出日本這個民族，自從一八五三年培里艦隊來航之後，經過了十五年的思考與摸索，終於覺悟自己樣樣不如人（西方），而下定決心拜西方為師的謙虛態度。

如果沒有這樣的覺悟與謙虛，日本便不可能在往後，在很短的時間內，從亞洲各國之中脫穎而出，成為唯一能與西方列強並駕齊驅的東方國家。

「五條誓文」最初的草案是出自於參與由利公正（越前藩出身）的手筆，經過另一位參與福岡孝弟（土佐藩出身）和木戶孝允的修改，才完成最後的內容。附帶一提的是，由利公正的思想深受幕末大思想家橫井小楠與坂本龍馬的影響。

西鄉隆盛與勝海舟達成協議後，五月三日，新政府軍在不流血的情況下接收了江戶城。德川慶喜也於當天離開江戶，退隱水戶藩。德川家則由田安龜之助（德川家達）繼承，領地被新政府縮減成七十萬石。

統治日本長達二百六十五年的德川幕府自此名實俱亡。

九月三日，天皇下詔書，把江戶改名為東京。十月二十三日，將元號由慶應改為明治，明治元年就是一八六八年。翌年（一八六九年）四月，天皇從京都遷往東京，東京成為明治政府的首都。

幕府滅亡之後，一部分的舊幕臣以及同情舊幕府的各藩仍然負隅頑抗，不肯歸順明治政府。他們大致呈三股勢力。第一股勢力是以上野為根據地的彰義隊，在江戶市內與新政府打游擊戰。第二股勢力是包括會津藩與庄內藩在內的東北三十三個藩。第三股勢力是以舊幕府海軍副總裁榎本武揚為中心的一部分舊幕府官兵，他們占據了蝦夷島（北海道）。

結果，明治政府費了很大的功夫，才於一八六八年七月擊垮上野的彰義隊，於十一月攻下東北三十三藩的最後一個藩，於一八六九年六月征服蝦夷島。自一八六八年一月爆發的鳥羽、伏見戰爭以來，這場歷經一年又五個月的內戰終於完全結束。在這場內戰中，新政府軍戰死三五五六人，負傷三八〇四人，幕府與親幕府各藩戰死四七〇七人，負傷一五一八人。雙方合計戰死八二六三人，負傷五三二二人。

版籍奉還與廢藩置縣

內戰結束之後，明治政府表面上已經統一了日本，可是實際上明治政府所能直接支配的土地只有八百萬石，剩下的三千萬石土地仍舊掌握在各藩手中。如果明治政府想將日本建設成一個現代國家，就必須先把掌握在各藩手中的土地與人民全部沒收，歸中央政府管轄。換言之，便是以中央集權制取代封建制。這無疑是一場革命。甚至比推翻幕府還更具衝擊性。各藩肯乖乖地交出土地與人民嗎？

當時，因為參與討幕有功，而在明治政府中擔任要職的大久保利通（薩摩藩）、木戶孝允（長州藩）、板垣退助（土佐藩）與大隈重信（肥前藩）對這個問題已獲得共識。這四人便分別說服自己的藩主將土地與人民交還給天皇（明治政府）。條件是，土地與人民交還後，明治政府仍舊會命令原藩主擔任該藩的知事。

為什麼明治政府會先挑薩、長、土、肥這四個藩「開刀」呢？因為：一、這四個藩出身的藩士很多都在明治政府中擔任要職，而且他們對自己出身的藩擁有影響力，由他們出面說服舊主人（四藩藩主），較易成功。

二、薩、長、土、肥是當時的四大雄藩，這四大雄藩如果率先將土地與人民交還給天皇，其他藩便不得不跟進。

果然，一八六九年三月二日，薩、長、土、肥四藩連署上表請求「版籍奉還」（版就是土地，籍就是人民）之後，其他藩也相繼上表提出同樣的請求。同年七月二十五日，明治天皇宣布允許各藩「版籍奉還」，並任命二百七十四位舊藩主擔任原藩知事。

「版籍奉還」之後，各藩知事雖然由原藩主擔任，可是不再世襲。此外，知事的俸祿也明定為各藩稅收的十分之一，這與過去藩主的收支與藩的收支混淆不清相比，可說是一大改革。更重要的是，各藩藩士的薪俸不再由藩主支給，而是由藩財政支給，這意味著藩主與其家臣的主從關係自此斷絕。

不過，即使如此，這樣的狀態依然稱不上是真正的中央集權制，只能算是中央集權制與封建制的混合體罷了。因為藩知事仍舊由原藩主擔任，藩的財政也依舊獨立於中央政府之外。各藩雖然將土地與人民奉還給天皇，也只是名義上而已。

因此，二年後（一八七一年），明治政府便實行了更徹底的中央集權化政策

——廢藩置縣。

在實行這個政策之前，明治政府首先於一八七一年四月命令薩、長、土三藩提供八千名步、騎、砲兵給朝廷，作為天皇的「御親兵」。這一招，表面上是為了成立天皇的「御親兵」，其實是在準備萬一有哪一個藩反對廢藩置縣，中央政府才有制裁的武力。

八月二十九日，明治天皇召集了待在東京的五十六個藩知事，下令廢藩置縣。全日本所有的藩就這樣在一夕之間變成了縣，縣置縣令（縣長），由中央政府派任，舊藩知事則悉數罷免，並強迫遷往東京居住，以防止他們在舊藩作怪。

明治政府於一八六八年打倒了幕府，現在又打倒了藩，德川家康建立的幕藩體制自此壽終正寢，日本也正式揮別封建時代，邁入新紀元。

如果說推翻幕府是第一次革命，那麼廢藩置縣便是第二次革命。第一次革命時，日本付出了八千多條人命的代價才達成，第二次革命卻在不流一滴血的情況下順利達成。為什麼各藩對廢藩置縣的命令毫不抵抗呢？原因有下列幾點：

一、明治政府並未遽下重藥，一下子就施行廢藩置縣，而是先於一八六九年使出妙計逼迫各藩「版籍奉還」，割斷各藩主與藩之間的一部分封建臍帶，然後才於二年後施行廢藩置縣，徹底剷除。這種分二次開刀的方式多少減輕了舊藩主的痛苦感覺。

二、一八六九年時，明治政府之所以不敢遽下重藥，主要是因為沒有遽下重藥的實力。可是二年之後，明治天皇與明治政府的權威已漸入人心。各藩也知道中央集權化是大勢所趨，唯有順服大勢，才是明哲保身之道。

三、從一八六八年一月的鳥羽、伏見戰爭起，到翌年六月征服北海道為止，大多數藩無論站在哪一邊（擁政府或反政府），都或多或少捲入了這場長達一年五個月的內戰。龐大的軍費支出使得各藩的財政急速惡化，負債累累。廢藩置縣之後，這些債務便全由明治政府肩負。就這點而言，負債沉重的藩反而有如釋重負的感覺。

四、明治政府對被罷免的舊藩主開出頗為優渥的條件，亦即，讓他們年年支領與罷免前同額的俸祿，以及保障他們的「華族」特權身分（明治政府於一八六九年七月下令廢除公卿與諸侯的名稱，改稱華族）。

第七章

全力引進西方文明

日本大量延聘外國的專家學者、派遣留學生、派遣政府官員到西方各國考察、透過社會菁英對社會大眾作啟蒙教育等方法，全力引進西方文明。

大量延聘外國人

自從一八五三年培里艦隊來航之後，日本面臨了二個重要的課題。**第一個課題是，如何把日本從力量分散的封建**（幕藩）**國家改變成力量集中的統一國家。第二個課題是，如何快速地引進西方文明，達到富國強兵的目標。**這二個課題不盡快解決，日本必定會步上中國，以及其他亞洲各國的後塵，成為西方列強的殖民地或半殖民地。

所幸，經過推翻幕府（一八六八年）、版籍奉還（一八六九年）及廢藩置縣（一八七一年）後，日本總算由封建國家脫胎換骨成中央集權制的統一國家。

第一個課題解決之後，接下來要面臨的是第二個課題——引進西方文明以富國強兵。

像日本這樣一個非西方國家想要引進西方文明時，主要有下列幾種方法：

一、大量延聘外國的專家學者到日本來，或擔任政府各部門的施政顧問，或在各工廠傳授技術，或到各大學任教，以便在最短的時間內，將西方文明移植到日本。

二、派遣留學生到西方各國留學。

三、派遣政府官員到西方各國考察。

四、由少部分已受過西方文明洗禮的社會菁英，透過文字媒體的傳播，對社會大眾作啟蒙教育，將社會大眾從「封建人」啟蒙成「現代人」。

以下我們就來看看日本如何透過這四種方法引進西方文明。首先是延聘外國的專家學者。

表四是明治政府於一八七二年至一八八五年之間所聘雇的外國人，其職業包括技術專家、教師、事務員、技術工等。由這個列表可知，在明治政府所聘雇的外國人當中，以技術專家占最多，其次是教師；此外，聘雇的總人數於一八七三、七四、七五年連續三年超過五百人，後來由於日本人已經逐漸從這些外國專家學者處學會了know-how，因此聘雇的外國人便逐年遞減，由日本人自己取而代之。

五百人！這是一個多麼令人拍案驚奇的數字呀！一個小小的島國（起碼與中國比起來，日本算是小國），竟然在新政府成立沒幾年，財政還很拮据的時候，投下大筆的公帑，延聘五百多名外國專家學者。**這樣的魄力在人類歷史上恐怕找不到第二個例子**。而且這只是中央政府聘雇的外國人統計，地方政府與民間聘雇的還不算在內。

明治政府為了聘雇這些外國專家學者，如何地咬緊牙根、繫緊腰帶，由下列幾個數字可見一斑。

工部省（工業部）各局於一八七四年支付給各外國人技師的薪資總共為七十萬

明治政府聘雇的外國人

職業 年次	教師	技術 專家	事務員	技術工	其他	合計
1872	102	127	43	46	51	369
1873	127	204	72	35	69	507
1874	151	213	68	27	65	524
1875	144	205	69	36	73	527
1876	129	170	60	26	84	469
1877	109	146	55	13	58	381
1878	101	118	51	7	44	321
1879	84	111	38	9	22	261
1880	76	103	40	6	12	237
1881	52	62	29	8	15	166
1882	53	51	43	6	4	157
1883	44	29	46	8	5	132
1884	52	40	44	8	7	151
1885	61	38	49	-	7	155

多日圓，占工部省該年經費的三三．七%。

東京大學於一八七七年創設時，全校四個學部(理、法、文、醫)的教授總共有三十九人，其中二十七人為外國人，日本人只有十二人。這三十九名外國人教授的薪資占當年東京大學預算的三分之一強。即使到了一八八一年，東京大學的教授當中仍有一半以上是外國人。

明治政府各級官員的薪俸，以太政大臣(首相)的每月八百日圓為最高，可是外國的專家學者當中，卻有數人的薪水超過八百日圓。換言之，明治政府是以首相級的薪水待遇來延聘外國人。而且除了每月的薪水之外，這些外國專家學者來日本時以及離開日本時的交通費，以及在日本的居住費用，完全由明治政府負擔。

一個落後國家肯如此咬緊牙根，大量延聘先進國的專家學者前來協助推動現代化，這個國家豈有不成功的道理？日本之所以在亞洲各國中拔得頭籌，成為亞洲最富強的國家，絕非偶然。

外國人的貢獻

明治政府所聘雇的外國人專家學者究竟對日本的現代化貢獻了多少呢？從下述幾個事例便可推知大概。

事例一，富岡製絲廠的興建。

日本從一八五九年開港之後，到昭和初期的七十年間，生絲一直是最主要的出口商品。幕末時的總出口額中，生絲占了五〇％以上，明治前期時也占了三五％至四〇％。因此，對日本而言，生絲是賺取外匯的最重要商品。沒有外匯，日本就無法向外國購買機器與原料，沒有機器與原料，便無法進行工業化。製絲產業對日本的重要性由此可知。

不過，一直到明治初年為止，日本的生絲由於以傳統手工方式生產，無論在質或量上，都比不上西方以機器生產的生絲，在國際市場上，日本的生絲只算是三流的水準。因此，為了突破這個瓶頸，明治政府決定延聘西方的專家替日本建一座西洋式的製絲廠，作為模範，以帶動日本的製絲產業由手工生產升級成機械生產。

一八七〇年，明治政府延聘了一位名叫布魯納特（Paul Brunat）的法國製絲專家，替日本在群馬縣富岡建了一座占地廣達一萬五千六百坪的製絲廠，這就是富岡製絲廠。

富岡製絲廠花了一年又七個月，於一八七二年完工。廠內的機器全部由法國進口。這座工廠，從物色廠地，到建廠、採購機器、安裝機器，以至於從法國延聘十一名法國人（包括品管員、機械工、醫生、製圖師以及四名熟練女士），全由布魯納特一手包辦。

富岡製絲廠首先在富岡當地招募女工。這些日本女工進廠後，先由法國女工以一對一的方式教導她們如何操縱機器煮繭、繅絲，日本女工學會後，便擔任起教師的角色，教導其他女工。一八七三年一月，工廠女工達到四百多名，之後，開始從日本各地招募女學徒，這些女學徒回到故鄉後，便把機器製絲的技術普及到日本各地。

富岡製絲廠的機器設備是當時全世界最先進的機器設備，加上在布魯納特與其他法國技術專家的指導下，日本因而得以生產出品質一流的生絲。而且富岡製絲廠還不斷地訓練來自日本各地的女學徒，在七年之間，培養出三千多名機械製絲女工。

在這種機械製絲技術快速普及的情況下，民間紛紛投資興建機械製絲廠。一八七六年，日本的機械製絲廠增加到八十七所，一八八二年再增加到一千多所。到一九〇三年，日本成為全世界最大的生絲出口國。

事例二，工部大學的創設。

一八七一年十一月，當時身為工部省大輔（工業部長）的伊藤博文，跟著岩倉遣外使節團（關於這個使節團，後面會有詳述）前往歐美。翌年，伊藤博文在倫敦透過舊識英商麥瑟森的介紹，認識了英國格拉斯哥大學的土木工學教授蘭克（Joseph Arthur Rank）。伊藤博文告訴蘭克，日本想設立一所工業大學，以培養工業人才，振興工業，請蘭克介紹幾位工科的學者前往日本協助設立大學。於是，蘭克便推薦了他的得意門生戴爾（Henry Dyer）以及八位助教，於一八七三年七月抵達日本。

當時，在西方的學術界，工學還是一門剛形成沒多久的學問，整個歐洲只有瑞士的蘇黎世有工業大學，連第一個達成工業革命的英國都還未設立。可是，在戴爾等人的精心規劃下，日本卻設立了全世界最優秀的工業大學——

工部大學。

工部大學設有土木、機械、電信、建築、化學、冶金、鑛山七門學科（後來又加上造船），每名學生都得唸六年，前二年是一般教育，接下來的二年是專門教育，最後二年是實習教育。

這所大學的最大特色是，學生入學之後，恍如前往英國留學一般，不但所有的課程全用英文授課，校內建築、設計全採用洋式，校內餐廳供應西餐，甚至連廁所的馬桶都是由英國進口的西式馬桶。

工部大學培養出來的學生後來在日本的工業界大多扮演了領導者的角色。

事例三，鐵路的興建。

一八七二年十月，從東京到橫濱的日本第一條鐵路興建完工。這條長約二十九公里的鐵路完全採用英國技術。火車、鐵軌也都是從英國進口。當然，負責策劃與施工的工程師與技師也都是英國人。

一八七四年五月，從大阪到神戶的第二條鐵路完工通車。這條長約三十四公里的鐵路也是採用英國技術。

一八七七年二月，從大阪到京都的第三條鐵路完工通車。同樣的，這條長約四十二公里的鐵路也是聘雇英國技師，採用英國技術，才得以完成。

不過，日本依賴英國的專家與技術來興建鐵路的情形並沒有一直持續下去。因為日本人已經逐漸從他們的英國師傅那兒學得興建鐵路的know-how。從京都到大津的鐵路（一八七八年八月開工，一八八〇年七月通車，長約十八公里）便是完全由日本人技師一手興建。

除了以上三個事例之外，日本的金融制度與教育制度的建立、陸海軍的創設、礦業的現代化等等，都有外國的專家、顧問參與協助。明治政府在引進西方文明的過程中，這些外國人可真是厥功至偉。而明治政府肯在財政拮据的惡劣條件下，不惜花費巨資延聘外國專家，這樣的魄力與遠見不得不令人讚嘆。

幕末的留學生

派遣留學生前往歐美留學是明治政府引進西方文明的另一個方法。不過，在敘述明治初期的留學史之前，我們得先談談幕末期的留學史。

幕末期前往西方留學的日本人總共有一百五十二人，其中有幕府派遣的，也有各藩派遣的。各藩之中，以薩摩藩派遣的留學生最多，其次是長州藩。以下，我們就先從薩摩藩談起。

薩摩藩主島津齊彬是幕末期各藩之中，思想最開明、眼光最遠大的賢君。他在培里艦隊來航後的第四年，也就是一八五七年，便有了派遣留學生前往歐美的構想。他的構想是這樣：

從薩摩藩士之中，挑選五、六名品性、素質、學識俱佳，年齡約十七、八歲左右的青年，派遣至英、美、法三國留學。留學年限為五、六年，費用全由藩財政負擔。學習的內容為外語、產業、醫學、化學、砲術、造船及航海技術，此外，還得探查歐美各國的情勢，向藩政府報告。

島津齊彬甚至已經決定於一八五九年春實施這個計畫。沒想到，他卻於一八五八年八月突然病逝，這個走在潮流最前端的計畫便隨之夭折。

不過，七年之後，薩摩藩卻有一個人實現了島津齊彬未完成的留學計畫。那個人就是五代友厚（一八三五—八五）。

五代友厚曾於一八五七年，二十二歲時，奉薩摩藩之命，進入長崎海軍傳習所學習荷蘭的海軍技術，因而獲知了不少海外知識。一八五九年，幕府派遣岩瀨公圃等人前往上海考察貿易情事時，島津久光密令五代友厚假扮成水手混在船上，一同前往上海洽購洋船。當時，五代友厚在上海港看到西方各國的雄偉船艦，而大受刺激。

一八六三年，薩英戰爭爆發時，五代友厚與另一名開明派的藩士寺島宗則一起被英軍俘虜。經過這場戰爭後，五代友厚徹底地成為開國論者。

翌年（一八六四年），五代友厚上書藩政府，建議派遣留學生赴英。薩摩藩當局採納了他的建議。

事實上，薩英戰爭之後，薩摩藩的決策層也徹底地傾向於開國論，並以小松帶刀、大久保利通等革新派為中心，於一八六四年設立了一所洋學校——開成所。

開成所的教授課目除了西洋的海陸軍砲術之外，還有天文、地理、數學、測量、航海、器械、造船、物理、化學、醫學等。學生約六、七十名，都是從藩校造士館精挑細選出來的優秀人才。

薩摩藩當局採納了五代友厚的建議後，便從開成所中挑選了十三名學生，另外再加上二名藩吏，組成一支十五人的留學生團。這十五名留學生，由出身於島津門族的新納久脩率領，五代友厚與寺島宗則擔任隨團視察員，另外還有一名英文通譯堀壯次郎，全部總共十九人，於一八六五年四月十七日啟程前往英國。

當時，幕府還延續著鎖國時代的陋習——禁止人民出國，薩摩藩派遣留學生赴英自然是一件違犯幕府法令的行動，因此，這項留學行動一切都在秘密中進行，而且為了防止事跡敗露後被幕府追究，全團十九個人每人都改名換姓（見表五）。

一行人於六月二十一日抵達英國之後，先聘請三名英國教師教留學生英文（大部分的留學生在赴英前已稍具英文或荷蘭文的基礎），二個月後，再進入倫敦大學就讀。

這些留學生學成歸國後，大多在明治政府中擔任公職，並有相當傑出的表現。例如，町田久成創設了帝國博物館（現在的東京國立博物館）；畠山丈之助成為東京開成學校（東京大學的前身）的校長；朝倉省吾致力於日本採礦業的現代化；鮫島誠藏活躍於外交界；吉田巳二大力改革日本的商業制度；松村淳藏擔任海

薩摩藩留學生派遣團

原名	改名	年齡	預定學習領域	備註
新納久脩	石垣鋭之助	33		學生監督
五代友厚	關研藏	30		隨團視察
寺島宗則	出水泉藏	33		隨團視察
町田久成	上野良太郎	27	未定	留學生
村橋直衛	橋直輔	25	陸軍	留學生
畠山丈之助	杉浦弘藏	22	陸軍築城	留學生
名越時成	三笠政之助	20	陸軍大砲	留學生
鮫島誠藏	野田仲平	20	英文學	留學生
田中靜洲	朝倉省吾	23	醫學、物產	留學生
中村宗見	吉野清左衛門	22	化學、醫學	留學生
森有禮	澤井鐵馬	18	海軍測量術	留學生
高見彌市	松元誠一	31	海軍測量術	留學生
市來和彥	松村淳藏	23	海軍測量術	留學生
吉田巳二	永井五百介	20	海軍測量術	留學生
東鄉愛之進	岩尾虎之助	23	機械學	留學生
町田申四郎	鹽田權之丞	18	機械學	留學生
町田清藏	清水兼次郎	15	造船	留學生
長澤鼎	磯永彥輔	13	造船	留學生
堀壯次郎	高木政一			通譯員

軍學校校長，培育海軍人才。

不過，這十五位留學生當中，表現最傑出的應屬森有禮（一八四七—一八八九）。森有禮歷任駐美國大使、駐中國（清）大使與駐英國大使，並於一八八五年擔任文部大臣（教育部長）。他一上任文部大臣，便頒布小學校令、中學校令、帝國大學令與師範學校令，奠定了日本的學校教育制度，對日本的教育現代化有很大的貢獻。

至於以視察員身分隨團赴英的五代友厚與寺島宗則，五代友厚在明治政府中任官一段期間後，棄官從商，成為關西企業界的領袖；寺島宗則則一直活躍於仕途，先擔任過外務卿（外交部長）、文部卿（教育部長）與駐美國大使等要職。

總之，從歸國後的表現來看，這是一次相當成功的留學生派遣行動。接下來，我們再看看長州藩的情形。

長州藩的留學行動

長州藩的留學生派遣行動比薩摩藩還早二年，不過留學生人數只有薩摩藩的三分之一——五人。

這個留學行動的發起人是井上馨(吉田松陰的門生)。井上馨和其他長州藩士一樣，強烈主張攘夷，不過他認為要攘夷就必須先強化海軍，要強化海軍就必須引進西方的海軍技術，而要引進西方的海軍技術最好的方法就是親自到西方學習。因此，井上馨便向長州藩當局提出留學英國的要求，並獲得藩當局的許可。

長州藩的另外四名藩士山尾庸三、井上勝、伊藤博文與遠藤謹助聽到這個消息後，也先後表明參加留學的意願。前二人得到了藩的正式許可，後二人則是以「先斬後奏」的方式參與留學。

一八六三年六月二十七日，這五名長州藩留學生離開了日本，前往英國。由於當時幕府禁止人民出國，因此他們和薩摩藩留學生一樣，所有的行動都是在秘密中進行。

出發時，五人的年齡如下：

井上馨（二十八歲）
山尾庸三（二十六歲）
井上勝（二十歲）
伊藤博文（二十二歲）
遠藤謹助（二十七歲）

一行人經過一百三十天的海上旅行，於十一月四日抵達倫敦。他們先聘請倫敦大學的威廉森教授教他們英文，然後再經由威廉森的介紹，進入倫敦大學就讀。井上馨與伊藤博文攻讀軍事、政治與法律，山尾庸三、井上勝與遠藤謹助則攻讀理科。放假的時候便一起去參觀英國各地的工廠、造船廠以及海軍的各種設施。在西方文明的洗禮下，這五名攘夷派志士沒多久就完全倒向於主張開國。

五名留學生抵達倫敦半年之後，突然接獲一件重要的消息，亦即英、法、美、荷四國為了報復長州藩的攘夷行動，決定組成聯合艦隊攻擊長州藩。五人此時早已覺悟攘夷的不智，也明白長州藩絕非四國聯合艦隊的對手，因此經過一番商量後，決定由井上馨與伊藤博文返國說服長州藩當局，以阻止這場愚蠢的戰爭。

就這樣，井上馨與伊藤博文只留學了半年，便返回日本。半年來的留學生活雖然沒讓這兩人在學問有很大的收穫，可是他們卻親身體驗了西洋文明的強盛，透過這樣的體驗，他們才恍然大悟原來自己過去是井底之蛙，攘夷是一樁猶如螳臂擋車般的愚舉，他們這才明白日本需要的是什麼，日本該走的是哪條路。

這兩人後來在明治政府中都擔任舉足輕重的官職。井上馨歷任大藏大輔（財政部次長）、工部卿（工業部長）、外務卿（外交部長）後，於一八八五年第一次伊藤內閣時擔任外相（外交部長），一八九二年第二次伊藤內閣時擔任內相（內政部長），一八九八年第三次伊藤內閣時擔任藏相（財政部長）。至於伊藤博文，資歷更是顯赫，在歷任過工部大輔、工部卿、內務卿之後，於一八八五年內閣制度成立時擔任首任總理大臣（一八八五—一八八八），之後，又斷斷續續地擔任過三次總理大臣。

明治政府的高官當中，像伊藤博文、井上馨、森有禮這樣，在幕末時期便已受過西洋文明洗禮的並不乏其人。**這正足以說明何以明治政府成立之後，就有那樣的魄力與遠見，大量聘用外國人，協助日本移植西方文明**。因為明治政府的高官早已親自體驗到日本落後西方太多了，若不快馬加鞭地引進西方文明，便很可能被西方列強所吞噬。

伊藤博文與井上馨歸國後，山尾庸三、井上勝與遠藤謹助三人留下繼續唸書，直到一八六八年從倫敦大學畢業，才結束了五年的留學生活，返回日本。之後，三人都在明治政府中任官，山尾庸三擔任過工部卿、法制局長官等要職。井上勝主要活躍於鐵路界，曾擔任鐵路局長，前述日本第一條完全由日本人自己興建的京都至大津的鐵路，便是在井上勝的領導下完成的。遠藤謹助則致力於新政府的貨幣鑄造，曾擔任過造幣局長。

留學生的貢獻

幕府派遣留學生始於一八六二年，比長州藩早了一年，比薩摩藩早了三年。長州藩與薩摩藩的留學生是前往英國，幕府的留學生則是前往荷蘭。

當時，幕府為了向荷蘭訂購軍艦，有必要派人赴荷蘭一趟，就從軍艦操練所中挑選了榎本武揚等五名學生，命他們前往荷蘭，一來交涉造艦事宜，二來順便學習西方的兵器製造法與航海術。

蕃書調所（幕府設立的洋學研究機構兼外交文書翻譯機構）的二名教授西周與津田真道聽到這個消息後，也向幕府請求一同前往留學。

後來，再加上精得館（幕府於長崎設立的洋式醫院）的二名醫學生，以及六名工匠，總共十五名，於一八六二年十一月從長崎出發，翌年六月抵達荷蘭。

這十五名留學生當中，以榎本武揚、西周與津田真道後來的成就較大。

榎本武揚（一八三六－一九〇八）留學時二十六歲，在荷蘭學習造船術、航海術、砲術、化學與國際法。一八六六年回國後，歷任幕府的海軍奉行、海軍副總裁等要職，領導幕府海軍。明治政府成立後，他率領幕府艦隊逃往北海道，而於一八六九年戰敗，歸降明治政府。之後，頗受明治政府重用，歷任北海道開拓使、海軍卿，以及遞信、文部、外務、農商務各省的大臣。

西周（一八二九—九七）與津田真道（一八二九—一九〇二）這兩人有很多的共同點。兩人都出生於一八二九年，留學荷蘭時當然也都是三十三歲。兩人在荷蘭時也都拜在萊登（Leiden）大學費瑟林教授的門下，學習政治學、經濟學、統計學、國際法學與自然法學。一八六六年年初，兩人結伴返國後，津田真道根據費瑟林的講義，翻譯出《泰西國法論》，這是日本第一本介紹西洋法學的書，西周也同樣以費瑟林的講義為藍本，翻譯出《萬國公法》（國際法）。之後，兩人終於一八七三年加入「明六社」（關於「明六社」，後文將會詳細介紹），致力於啟蒙運動。

一八六五年，幕府派遣六名留學生前往俄國。不過，由於俄國的學習環境不佳，這六名留學生並沒有什麼大的收穫，歸國後也沒有特別傑出的表現。

幕府雖然禁止人民出國，可是自己卻於一八六二年與一八六五年兩度派遣留學生出國，顯然是自打嘴巴，而且此時幕府的權威已大幅低落，很難禁止各藩派遣留學生。因此，幕府便於一八六六年五月解除禁令，允許人民出國留學或貿易。

一八六六年十二月，幕府三度派遣留學生。這次是到英國。留學生人數十四名，其中以中村正直（一八三二—九一）後來的名氣最大。

中村正直與西周、津田真道一樣，返國後致力於社會啟蒙，並加入「明六社」。他於一八七一年翻譯了史麥爾斯（Samuel Smiles，一八一二—一九〇四）的《自助論》（中村譯為《西國立志篇》），以及米爾（John Stuart Mill，一八〇六—七六）的《自由論》（中村譯為《自由之理》）。這二本書發揮了很大的影響力，尤其是《西國立志篇》，當時的年輕學子幾乎人手一冊，有「明治的聖經」之稱。

一八六七年二月，幕府將軍德川慶喜派遣他的弟弟德川昭武率領使節團，前往法國參加巴黎博覽會。趁著這個機會，幕府也挑選了一批青年隨團前往法國留學。

箕作麟祥（一八四六—九七）是其中的一名留學生。返國後，他致力於歐美各法典的翻譯、編纂工作，並草擬了日本的成文法，此外，他也加入「明六社」，從事啟蒙運動。

澀澤榮一（一八四〇—一九三一）是使節團中的一員，他在巴黎博覽會中看到了西方各國展出的蒸汽機、紡織機等機械設備，以及各種文化、經濟性的展覽品，而頗受衝擊。接著，他又跟隨德川昭武考察瑞士、荷蘭、比利時、義大利與英國，總計在歐洲待了二年。這二年的西方體驗讓他獲致了二個結論，即：

一、日本必須打破「官尊民卑」的傳統觀念。

二、日本必須發展工商業，而要發展工商業就必須集合民間的零散資本，設立股份有限公司。

返國後，澀澤榮一向明治政府貸款，設立了日本第一家股份有限公司——商法會所。接著，他又創設第一國立銀行、王子製紙公司、日本郵船公司、大阪紡織公司（日本第一家機械紡織公司）、東洋汽船公司、日本鐵道公司（日本第一家民營鐵路公司）、東京海上保險公司、札幌啤酒公司、東京人造肥料公司……。

總計澀澤榮一一生所參與的事業種類，除了上述的銀行、造紙、海運、紡織、鐵路、保險、啤酒、人造肥料之外，還有造絲、造絨、造麻、造帽、造皮、造糖、造果、造油、造酒、造冰、造陶、造玻璃、造磚、造水泥、造鐵、造鋼、造船、造火車、造汽車、造腳踏車、瓦斯、電氣、土木、建築、不動產、倉儲、飯店、貿易、礦山（銅、鐵、硫黃、硝石、煤炭、石油）、製藥、化學工業、農業、畜牧業、養蠶、林業、水產業、信託、電話、貨運、航空等。而他所參與的公司也多達五百家以上。

可以說，澀澤榮一是日本明治期間的企業界龍頭，也是日本資本主義經濟在形成期的最有力推動者。任何一位經濟史學家在撰寫日本資本主義發展史時，都得花一些筆墨介紹澀澤榮一。而澀澤榮一之所以有這麼大的成就與影響力，除了個人的天分與努力之外，他在歐洲的二年西洋文明的洗禮，應該是最大的原因。

以上就是幕末時期，薩摩藩、長州藩與幕府派遣留學生的大致情形。這些留學生把他們在西方的所見、所聞、所學帶回了日本，在朝野各個領域，發揮了很大的影響力，對引進西方文明，貢獻菲薄。他們可說是幕末日本留給明治日本的一筆巨大遺產。

明治初期的留學生

接下來，我們再看看明治初期的留學狀況。

表六是一八六八年至一八七四年日本人出國留學的統計。這些留學生當中，大部分是官費留學生（明治政府派遣），少部分是藩費留學生（各藩派遣）或私費留學生。

一八六八與六九兩年的留學生之所以只有十二、三名，最主要的原因應該是新政府才剛成立，一切都未上軌道，加上內戰仍未結束，以至於無暇顧及留學生的派遣吧。

果然，一八六九年六月，內戰完全結束後，翌年的留學生人數一下子爆增到一百八十二人，一八七一年更增加到二百二十五人。這二年留學生人數有多驚人，我們只要與幕末期間的留學生總人數一百五十二人相比就可明瞭。這充分顯示了明治政府急於派遣留學生以吸取西方文明的熊熊企圖心。

可是台灣俗話說：「呷緊（快）弄破碗」，明治政府這種過於急切的留學政策，產生了二個問題。第一個問題是，由於太過重視留學生的「量」，以至於

明治初期的留學生統計

留學國 出發年	美	英	德	法	其他	合計
1868	2	6	1	3	1	13
1869	4	3	3		2	12
1870	66	53	31	24	8	182
1871	86	71	30	17	21	225
1872	46	18	7	15	5	91
1873	2	10	5		5	22
1874	6	3	1			10
不明	11	9	3	1	7	31
合計	223	173	81	60	49	586

忽略了留學生的「質」。有些留學生素質雖然很差，根本不是讀書的料，卻也跑到國外瞎混。一名在美國的留學生五十川基於一八七一年寫給他父親的信中說：「美國現在大約二百五十名來自日本的留學生，其中大部分不學無術，妄自尊大，成為外國人的笑柄。」另一名在德國的留學生佐藤進於一八七〇年寫給朋友的信中說：「這兒的日本留學生很多連A、B、C都不認識，他們留學國外只是浪費金錢罷了。」

另外一個問題是，官費留學生的快速增加，造成了極大的財政壓力。明治政府成立之後，百廢待舉，財政拮据，加上大量延聘外國人，開支浩大。因此，經過一八七〇與七一兩年的大量派遣留學生之後，明治政府發覺吃不消了，必須趕緊在過於急切的留學政策上踩踩煞車才行。

基於上述二個理由，明治政府於一八七二年放慢了留學腳步，因此當年的留學生出國人數降到了九十一人。一八七三年十二月，明治政府甚至取消官費留學制度，並命令在國外的三百七十三位官費留學生全部返國（不願返國者可以私費繼續留學）。

兩年之後，也就是一八七五年，明治政府才恢復了官費留學制度。不過，新的官費留學制度可比以往要嚴謹得多。

一、官費留學生必須先通過留學考試。

二、派遣海外留學生監督，定期向文部省報告留學生的成績。（這些海外留學生監督還肩負調查各國的教育狀況、物色外國的專家學者、購買外國的書籍與機器等使命。）

三、官費留學生向政府支領的各項費用，將來必須償還（自畢業後第三年起，以二十年分期償還）。

從此，明治政府的留學政策由重視「量」變成重視「質」。

一八六八年至一八七四年間的留學生雖然有不少人是濫竽充數，但是也有很多優秀的人才。表七是這七年之間前往國外留學，返國後有比較傑出表現的人。

幕末的遣外使節團

除了延聘外國人與派遣留學生之外，派遣使節團前往海外考察也是一個引進西方文明的方法。不過，在敘述明治政府如何派遣使節團之前，我們還是得先談談幕末期間幕府的幾次派遣使節團行動。

各位讀者還記得吉田松陰嗎？吉田松陰是培里艦隊來航之後第一個不顧幕府的禁令（禁止人民出國），下次決心前往西方一探「夷情」，並付諸行動的日本人。後來，吉田松陰的偷渡計畫雖然失敗，可是他這種寧可冒生命危險，也要到西方一探究竟的想法，卻獲得少數開明派幕臣的共鳴。例如，川路聖謨在獲知吉田松陰偷渡失敗並向官府自首的消息後，於日記中寫道：

「但願幕府能派遣我搭乘夷船前往英國與其他西洋各國巡察，了解那邊的正確情形。這必然有助於日本。」

一八五八年一月，美日雙方的代表開始談判締結通商條約事宜。美國的代表是駐日大使哈里斯，日本的代表是開明派幕臣井上清直（川路聖謨的弟弟）與岩瀨忠震（川路聖謨的好友）。

在這場談判中，井上清直與岩瀨忠震提出了一個令哈里斯意外的要求，那就是，通商條約簽訂後，將來條約的批准與交換可否不要在日本進行，而是由日本派遣使節前往華盛頓進行。

1868-1872年期間出國的留學生中後來較有名氣者

姓名	留學國	返國後主要經歷
青木周藏	德	德、奧、荷、英大使、外交部長
岩崎彌之助	美	三菱社長、日本銀行總裁
牧野伸顯	美	教育部長、外交部長、內政部長
大山巖	法	陸軍元帥、參謀總長
桂太郎	德	台灣總督、陸軍部長、首相
金子堅太郎	美	農商務部長、司法部長
菊池大麓	英	東京大學校長、教育部長
小泉信吉	英	慶應大學校長
西園寺公望	法	教育部長、首相
品川彌二郎	德	內政部長
曾禰荒助	法	司法部長、農商務部長、財政部長
東鄉平八郎	英	海軍元帥
外山正一	美	東京大學校長、教育部長
中上川彥次郎	英	「時事新報」社長、山陽鐵道社長
平田東助	德	法制局長、農商部長、內政部長
松田正久	法	司法部長、財政部長、教育部長
山川健次郎	美	東京大學校長、京都大學校長

井上清直與岩瀨忠震之所以提出這樣的要求，當然是和吉田松陰、川路聖謨一樣，想要到西方親眼看看西方的情形。**這是當時開明派人物的共通想法——要抵禦外侮就必須先了解外國，而要了解外國就必須到外國一探究竟**。

二年之後，也就是一八六〇年，幕府果然派遣了一支使節團前往美國交換美日通商條約批准書。不過，使節團的名單上卻沒有井上清直與岩瀨忠震。因為這二人在將軍繼嗣問題上與一橋派站在同一陣線，而遭到井伊直弼的左遷。

這支遣美使節團於一八六〇年二月十三日搭乘美艦「波哈坦號」出發。使節團團員包括正使新見正興、副使村垣範正與小粟忠順，以及十七名官員（其中三名為翻譯官）、五十一名隨員和六名廚師，總共七十七人。

另外，幕府又派木村喜毅與勝海舟率領長崎海軍傳習所的畢業學生，以及其他隨員（其中包括福澤諭吉）、雜工等，總共九十六人，搭乘「咸臨號」，一同前往美國。表面上，「咸臨號」的任務是為了護衛使節團搭乘的「波哈坦號」，其實，幕府的真正目的是想測試長崎海軍傳習所的畢業生是否有能力駕駛蒸汽艦橫渡太平洋。

一八六〇年的遣美使節團是日本有史以來第一支由中央政府派遣到西方的使節團，而且規模又是如此龐大，意義非凡。它說明了一件事，亦即，如果說吉田松陰之所以於一八五四年不惜以生命為賭注也要到西方一探究竟的原因，是在於一股對西方世界的強烈好奇心，那麼，六年之後，幕府也是基於同樣的好奇心派使節團赴美。否則，若只是想交換條約批准書，大可在日本舉行，何況，即使要派使節赴美，規模也不需要弄得那麼大——規模愈大表示花費愈多。

西方媒體的報導

當時的西方媒體對幕府派遣使節團一事抱持著什麼樣的看法呢？一八六〇年五月一日的《紐約每日論壇報》（*New York Daily Tribune*）刊載了一篇由該報特派員於二月十五日從橫濱寄來的特稿。內容如下：

毫無疑問，日本使節即使到世界列強中的任何一國訪問，都可得到很大的收穫，不過我們還是希望他們到我國訪問能得到更多的收穫。日本可以在我國學到她所需要的重要的教訓。那個教訓就是，帝國的國力與繁榮的基礎並不在於階級與身分，而是在於國民的智識與自由，在於國民能夠有機會獲得國家的崇高地位……

一八六〇年六月二日的《倫敦時報》則寫道：

日本人已踏出了國際社交的第一步。這雖然稍嫌遲了點，但是經過大約二個世紀的自閉與排外，日本總算『出來』了。觀察這走出國門的日本人，起碼讓人覺得他們還滿好相處的。他們穩重而知性，並且擁有一顆對西洋事物的探討心……。

這個日本有史以來的第一支遣美使節團在美國得到的最大收穫，便是改變了他們對「夷狄」的看法。使節團中的一名隨員福島義言在其日記中寫道：

我國人當中，視洋人為犬馬者，十之八九……此行總共來了七十七人，大半也都厭惡洋人，然而一旦了解實際情況後，人人如夢醒般悔悟前非。

幕府派遣的第二支使節團是一八六二年的遣歐使節團。當時，根據幕府與西方各國締結的條約，橫濱、長崎、箱館已經開港，而新潟、江戶、大坂與神戶也即將陸續開港、開市，可是由於攘夷的氣焰愈來愈盛，幕府便派遣使節團前往歐洲，與英、法、荷、俄、葡五國政府談判，要求將開港、開市的日期盡量延後，以抑止國內的攘夷氣焰。

這支遣歐使節團的團員總共有三十八人，其中包括福地源一郎、福澤諭吉、箕作秋坪、寺島宗則、立廣作、森山多吉郎等一流的洋學者。

二年前的遣美使節團只是帶著一顆好奇心，在驚嘆聲中流覽西洋事物；這回的遣歐使節團則不只是驚嘆與流覽而已，他們的好奇心已升級成學習心。

一八六二年五月八日的《倫敦時報》報導了遣歐使節團參觀英國火藥製造廠與大砲製造廠的情形。

一行人首先到火藥製造廠參觀，由柏克薩上校在旁說明機器的操作與製造過程。使節團中有二名隨員拚命地將所看到的東西記錄下來……。參觀大砲製造廠時，使節團好像著了魔似的，在廠內作了長時間的滯留，即使身體接觸到火爐內噴出的火焰，他們似乎也毫無知覺，最後才依依不捨地離去。

一八六四年二月，幕府為了關閉橫濱港問題，派池田長發率領使節團（總共三十六人）前往法國談判。池田長發在法國目睹西方文明如此昌盛，大受衝擊，回國後立即向幕府建議①派遣駐外公使，②充實陸海軍，③振興各種產業以富國，④派遣留學生，⑤允許國民自由出國，⑥訂購外國的報紙以了解世界情勢。

不料，幕府卻以池田長發沒有達成任務為由，將他的俸祿減半，並要他閉門思過。

一八六六年，幕府為了與俄國談判庫頁島的劃界問題，派遣使節團一行十九人前往俄國。這是幕府第四次對外派遣使節。

第五次，也是最後一次的使節團，是一八六七年由德川昭武（德川慶喜的弟弟）

所率領的遣法使節團。前面也曾經提過，這支使節團的任務除了參加在巴黎舉行的萬國博覽會，並考察歐洲各國外，也順便帶了一群留學生前往法國留學。

以上就是幕末期間，幕府五次對外派遣使節團的大致情形。這些使節團的團員在西方目睹了工業文明之後，才徹底覺悟自己的國家太落伍了，日本必須趕緊急起直追才行。他們懷抱著這樣的西洋經驗與感觸回到日本，而且也以西方文明見證人的身分，將他們的西洋經驗與感觸散布給其他日本人。這對日本由鎖國、攘夷逐漸走向開國，並進而決心積極地引進西方文明的一連串過程，起了相當程度的催化作用。當然，這也是幕末日本留給明治日本的另一項遺產。

岩倉遣外使節團

一八七一年十二月二十三日。

這一天，明治政府做了一件人類歷史上前所未有的創舉，那就是派遣了一支由四十六名政府官員組成的使節團前往歐美各國。使節團的大使是岩倉具視，副使有四人，即木戶孝允、大久保利通、伊藤博文與山口尚芳。

當時，明治政府的高官中，下列九人是最具實力者：

太政大臣　三條實美
右 大 臣　岩倉具視
參　　議　木戶孝允
參　　議　西鄉隆盛
參　　議　大隈重信
參　　議　板垣退助
大 藏 卿　大久保利通
外 務 卿　副島種臣
工部大輔　伊藤博文

岩倉遣外使節團主要成員

使節團中職務	明治政府中職位	姓名	年齡	歸國後主要經歷
特命全權大使	右大臣	岩倉具視	46	致力於憲法體制的建立
特命全權副使	參議	木戶孝允	38	文部卿，一八七七年去世
特命全權副使	大藏卿	大久保利通	41	內務卿，一八七八年去世
特命全權副使	工部大輔	伊藤博文	30	內閣總理大臣
特命全權副使	外務大輔	山口尚芳	32	貴族院議員
理事官	司法大輔	佐佐木高行	41	參議兼工部卿
理事官	待從長	東久世通禧	38	貴族院副議長
理事官	陸軍少將	山田顯義	27	司法大臣
理事官	戶籍頭	田中光顯	28	宮內大臣
理事官	文部大丞	田中不二麿	26	司法大臣
理事官	造船頭	肥田為良	41	海軍機關總監
一等書記官	外務少丞	田邊泰一	40	貴族院議員
一等書記官	外務大記	塩田篤信	28	北京特命全權公使
一等書記官	外務六出任	何禮之	31	貴族院議員
一等書記官		福地源一郎	30	東京日日新聞社社長
二等書記官	外務少記	渡邊洪基	23	東京帝國大學總長
二等書記官	外務七等出仕	小松濟治	24	大審院判事
二等書記官	外務七等出仕	林董三郎	21	外務大臣
二等書記官	外務七等出仕	長野桂次郎	28	開拓使御用係
三等書記官	外務六等出仕	川路寬堂	27	外國文書課長
四等書記官	文部大助教	池田政懋	23	長崎稅關長
四等書記官	外務大錄	安藤忠經	24	外務省通商局長

這九人當中，尤其以大久保利通、木戶孝允與西鄉隆盛三人最具分量，是實力者中的實力者。

也就是說，明治政府中的九名實力者，有四名參加了使節團（以下稱岩倉使節團），而這四名當中，大久保利通與木戶孝允更是頂尖的實力者。因此，對明治政府而言，派遣岩倉使節團赴歐美一事，即使無法說是「精銳盡出」，起碼也可說是「精銳半出」——政府的決策層中，有一半出國去了。

・一八六八年五月，新政府軍接收江戶城，幕府名實俱亡。
・一八六九年六月，新政府軍征服北海道，內戰正式結束。
・一八七一年八月，明治天皇下詔「廢藩置縣」，日本擺脫封建制，成為中央集權制國家。
・一八七一年十二月，明治政府派遣岩倉使節團。

從上述四個歷史事件的發生年月可以知道，明治政府派遣岩倉使節團是在推翻幕府後的三年又七個月，是在正式結束內戰後的二年半，是在成為中央集權制國家後的四個月。

換言之，當時的明治政府誕生還沒多久，政權還不十分穩定，政務還未上軌道。在這種時候，明治政府竟然派遣了「一半的政府」前往歐美。人類的歷史還有第二個例子嗎？

岩倉使節團赴歐美的目的究竟是什麼？是什麼天大的動機讓明治政府撥出「一半的政府」前往西方呢？

首先我們得從柏貝克（Verbeck，一八三〇—一九七）談起。柏貝克是荷蘭人，二十二歲時移居美國。一八五九年，二十九歲時，以傳教士的身分前往長崎。一八六六年起，開始在長崎的致遠館（佐賀藩所設）教書，教授英文、政治學、經濟學、美國憲法、國際法、聖經等科目。柏貝克的學生當中，有很多人後來活躍於明治政壇，如大隈重信、大久保利通、副島種臣、伊藤博文、江藤新平、大木喬任、加藤弘之等。

明治政府成立後，於一八六九年四月聘請柏貝克為政府顧問。柏貝克擔任顧問後，明治政府的高官經常向他詢問西方各國的政治、法律、教育、宗教等問題。針對這些詢問，他固然盡其所知地予以回答，另一方面，也興起了一個想法，亦即，像日本這樣一個急於想了解西方文明並引進西方文明的國家，透過外國專家的口述或閱讀西洋書籍雖然可以達到一定程度的效果，但是仍然有種隔靴搔癢的感覺，明治政府的決策層若想清楚地了解西方文明，最好的方法就是親自到西方走一趟，以自己的五官親自體驗西方文明。

於是，柏貝克替明治政府擬定了一個遣外使節團計畫，包括遣外使節團的目的、組織、成員、調查方法與旅程等，並於當年六月交給了他昔日的學生大隈重信。

可是由於當時內戰尚未完全結束，而且日本國內仍舊殘留一些攘夷氣氛，因此大隈重信覺得派遣使節團的時機尚未成熟，便將柏貝克的計畫書暫時擱置。

二年後（一八七一年），明治政府面臨了一個問題——如何廢除不平等條約。

幕府於一八五八年與西方各國簽訂的通商條約中，有些項目如領事裁判權、關稅協議（關稅無法自主）等，是屬於片面性的不平等。當初幕府之所以簽下這種不平等條約，一方面固然是受迫於西方的武力要脅，一方面也是因為對國際事務的無知。因此，明治政府成立後，自然想廢除這些不平等的束縛。

而根據這些通商條約的規定，一八七二年七月一日為修改條約的期限。也就是說，在這一天之前，日本可以與各締約國協議，經雙方同意後，修改條約內容。

問題是，當初西方各國之所以強迫日本簽訂不平等條約，是因為他們認定日本還不是個文明國家（以西方文明為認定標準）之故。例如領事裁判權之所以必須存在，是因為西方各國對日本的司法制度沒信心之故。因此，如果日本要說服西方各國修改條約，就必須先讓他們覺得日本已經變了——日本的各項制度、規章已合乎西方的標準，日本已經從「野蠻」國家脫胎換骨成「文明」國家。**換言之，日本成為文明國家的一員是廢除不平等條約的先決條件**。

可是，從「野蠻」轉變成「文明」是何等浩大艱鉅的工程，縱然明治政府有滿腔的意願，也不可能在短短的幾年間達成。對此，明治政府也有自知之明。他們知道日本離歐美的文明尺度還很遙遠，日本想要在一八七二年七月一日之前說服西方各國修改條約也幾近無望。因此，日本必須要求西方各締約國把修改條約的期限延後幾年，讓日本有較多的時間進行文明化工程。

所以，明治政府現在有二個理由必須派遣使節團赴歐美。第一個理由是如柏貝克所建議的，明治政府的高官必須親自到西方考察西方文明。第二個理由則是與西方各締約國談判，要求對方把修改條約的期限延後幾年。

一八七一年九月，大隈重信（佐賀藩出身）在內閣會議中提議派遣使節團赴歐美，並由他自己擔任使節。可是薩摩藩與長州藩出身的幾名高官發覺這項任務的重要性後，便策動岩倉具視，把這項任務「搶」了過來。

岩倉具視知道柏貝克曾於二年前把遣外使節的計畫書交給大隈重信，便向大隈索取，可是大隈卻答稱已遺失。岩倉具視只好請柏貝克重寫一份計畫書。

岩倉具視拿到這份計畫書後，又與柏貝克及自己的手下經過數度的檢討與修改，才完成底案。

根據這份最後完成的計畫書，使節團的成員不僅由原先的二十多名擴增到五十名（後來實際成行者四十六名），而且還要派遣六十名留學生一同前往歐美留學。

使節團考察的國家有美國、英國、法國、比利時，荷蘭、德國、俄國、丹麥、瑞典、義大利、奧地利與瑞士十二國。使節團中，除了正使、副使之外，還有理事官、書記官與隨員。理事官負責考察，書記官負責記錄。考察的對象有四種，每位理事官都分配到一種。這四種考察對象是：

一、各國政治制度的理論及其實際運作狀況。外交部、議會、法院、財政部等機構的組織編制與運作狀況。

二、與經濟、財政有關的各項法規及其實際運作狀況。

三、各國的教育制度及其實際運作狀況。

四、各國陸海軍的制度及其實際運作狀況。

理事官除了考察上述政治、財經、教育、國防四個領域之外，還得研究將其引進到日本的可能性與方法。

一八七一年十二月二十三日，四十六名岩倉使節團的成員與六十名留學生搭上太平洋公司的「美利堅號」客輪，在十九發禮砲的祝福下，浩浩蕩蕩地從橫濱港出發。

這支身負著「引進西方文明」重責大任的使節團，平均年齡非常輕，只有三十歲。年紀最大的岩倉具視也只不過四十六歲，擔任副使的伊藤博文只有三十歲。**正因為年輕，所以才沒有太多的傳統包袱，所以才能像海綿一樣充分地吸收西洋文明**。

「美利堅號」迎風破浪，航向太平洋的彼岸，也航向日本的未來。

審判「性騷擾」疑案

某日，船上發生了一件有趣的事。

六十名留學生中，有五名是女性。她們上廁所時，由於身上穿著很多衣服，總得有一名女同伴在廁所外面替如廁者拿著裙子。有一名叫長野桂次郎的書記官經過廁所時，順口說了幾句讓女留學生覺得輕薄的話，便一狀告到副使大久保利通處。使節團的幾名頭頭商量的結果，決定模仿西方國家，召開法庭，來審判這件有「性騷擾」嫌疑的案子。副使伊藤博文與理事官山田顯義擔任法官，此外，律師、書記等角色也都派人「扮演」。

這件趣事充分顯露出使節團一行人雖然還未抵達歐美，心態上卻已認同了歐美的規範。他們嘗試以歐美的規範來解決日本人自己的糾紛。

一八七二年一月十五日，「美利堅號」抵達舊金山。一行人住進五層樓高的格蘭德大飯店。此後，使節團開始進行考察工作。他們考察哪些地方，如何考察，這兒無法一一細述，只能舉一個例子供讀者參考。

佐佐木高行在明治政府中擔任司法大輔（相當於司法部長），在使節團中則擔任理事官。一月十八日，佐佐木高行前往舊金山的法院考察。他先問清楚該法院的制度、組織與運作狀況，然後參觀法院的各部門。當他來到法院的書庫時，發現美國人把舊資料、文件保管得非常完整，與日本的草率處理方式大相逕庭。回到飯店後，他立刻寫了一封信給日本的屬下，要他們好好地整理舊幕府的文件，妥善保管。

伊藤博文的演講

使節團在舊金山的活動當中，最值得一提的就是伊藤博文的演講。

一月二十三日，舊金山市的達官顯要與市民總共三百多人齊集格蘭德大飯店，為使節團召開了一場盛大的歡迎酒會。使節團的五名正副使當中，只有伊藤博文會說英文（雖然不是頂流利），因此便由伊藤博文代表演講。他說：

> 敝國的國民透過閱讀、傳言以及到外國實地視察，對外國的政治體制與風俗習

慣等已有了初步的認識。現在，敝國的政府與人民最熱切希望的，就是與各先進國一樣，達到文明的最高點。為了達到這個目的，我們打算在陸海軍與學術教育上採用西方的各項制度。此外，我們也一面發展對外貿易，一面吸收海外知識。不過，敝國在物質文明上的改革雖然進步神速，在精神文明上的改革卻還很緩慢。

數千年來，敝國人民在專制政治的壓抑下，只知絕對服從，不知有思想的自由。可是，隨著物質文明的改良，他們已經知道了自己的權利何在。……身為使節，我們最大的希望便是把能夠促進敝國物質文明與精神文明的資料帶回去。

最後，伊藤博文提到了日本國旗。

敝國的國旗中央有顆紅球，過去有人把它視為一塊封住日本的封蠟，可是將來它必定會回復原本的意義，亦即，像一顆東昇的太陽，與世界文明國家為伍，不斷地向前、向上移動。

所謂封蠟，就是用來封住信封的蠟狀物，當時的西方人大多使用紅色封蠟。幕末日本還未脫離鎖國階段時，西方人看到日本的國旗，便嘲笑那像塊封蠟，是日本鎖國的象徵。

伊藤博文這一場英文雖不怎麼流利，內容卻很動人的演講，獲得了滿堂的喝采。

岩倉使節團這一趟的歐美之旅，總共考察了十二個國家，其滯留日數分別為：美國二〇五天，英國一二二天，法國七十天，德國三三天，瑞士二七天，義大利二六天，俄國十八天，奧地利十六天，荷蘭十二天，比利時、瑞典各八天，丹麥五天。

他們每到一地，就盡可能地參觀各種機構、設施，其企圖心之強，只能用「貪婪」二字形容。例如，光是在柏林市，他們就參觀了動物園、公園、水族館、劇場、宮殿、議會、馬球場、電氣機器製造廠、醫院、博物館、陶器製造廠、美術館、彈藥庫、城堡、蘇打水製造廠、印刷局（印刷國債證券、紙鈔與郵票等的工廠）、天文台、軍營、電信局、造幣局、監製、小學、大學、消防隊、漁業公司展覽場等等。

一八七三年七月二十日，一行人從法國的馬賽港出發，航向歸途。他們的行李中裝滿了各式各樣的資料與筆記本，他們的腦海裡則是充滿著西洋體驗的餘韻以及一幅幅建設未來新日本的藍圖。客輪經過地中海、紅海、印度洋與中國沿岸，於九月十三日返抵橫濱港。總計這一趟西洋文明之旅，花了一年又九個月。

世界上從沒有第二個國家像日本這樣，為了吸取先進文明，在革命成功才三年後，便派遣「半個政府」，花了一年又九個月的時間，考察十二個先進國。日本這個民族一向給人「善於模仿」的印象。的確，從岩倉使節團的例子便可看出，當時的明治政府是如何用心地在模仿西方文明。**而善於模仿與不善於**（或不屑於）**模仿，正是造成中日兩國在近代史上步向截然不同命運的最大關鍵**。

明六社的啟蒙思想家

明治初年，日本在政治、經濟、社會、文化、思想各領域興起了一股空前

「明六社」成員與維新功臣之年齡比較

姓名	出生年	培里來航時年齡	1868年時年齡
箕作秋坪	1825	28	43
西村茂樹	1828	25	40
杉　亨二	1828	25	40
西　　周	1829	24	39
津田真道	1829	24	39
中村正直	1832	21	36
福澤諭吉	1834	19	34
加藤弘之	1836	17	32
箕作麟祥	1846	7	22
森　有禮	1847	6	21
西鄉隆盛	1827	26	41
大久保利通	1830	23	38
木戶孝允	1833	20	35
板垣退助	1837	16	31
大隈重信	1838	15	30
山縣有朋	1838	15	30
伊藤博文	1841	12	27

的大改革旋風。這是一股以西洋文明為範本，將日本由「野蠻」提升到「文明」的改革旋風。當時的日本人稱其為「文明開化」。

鐵路開通了，電信、郵政業務也展開了，人們開始吃洋食、穿洋服，洋式建築一棟棟地蓋起來，理髮店的生意好得不得了，因為大家爭相把髮髻剪掉，剪成西洋式髮型。不分貧富貴賤，不分男女老少，每個人都喜歡把「文明開化」掛在嘴上，不懂「文明開化」這句話的，簡直就不是日本人。

不僅民眾如此，連天皇也搭上了「文明開化」列車。一八七二年一月，明治天皇在大久保利通的極力推薦下，開始吃起牛肉（日本人過去從不吃牛肉），翌年，改穿西裝，並剪掉髮髻，留起西式髮型。明治天皇的妻子美子皇后則將塗黑的牙齒（按照日本的傳統習俗，已婚婦女得將牙齒塗黑）恢復成原來的皓齒。

在「文明開化」的旋風下，日本人不但改變了他們的風俗習慣，也改變了他們的人生觀與價值觀。因此，這可說是一場文化大革命。而在這場文化大革命當中，明治政府固然扮演著主導的角色，採取種種西化的政策，不過，當時有一群啟蒙思想家，他們以簡明的語言為手段，抨擊傳統思想，介紹西方文明，闡述西方思想，給明治政府的西化政策提供了理論根據，與明治政府遙相呼應，發揮了很大的影響力。這群啟蒙思想家中，又以「明六社」的成員最具代表性。

「明六社」是森有禮於一八七三年（明治六年）發起成立的。由於成立於明治六年，便取名為明六社。社員總共十人，除了森有禮之外，還有箕作秋坪、西村茂樹、杉亨二、西周、津田真道、中村正直、福澤諭吉、加藤弘之與箕作麟祥。這些人都是當時日本學術思想界的大師級人物，尤其是福澤諭吉，更是名滿天下的頂尖大師，因此眾人都有意推福澤諭吉為「明六社」社長，可是福澤固辭，社長一職便由發起人森有禮擔任。

「明六社」的十名社員有很多共通性。首先，他們的年齡很接近。如表九所示，他們的出生年大半集中在一八二五年至一八三五年的十年間。培里艦隊來航的時候，除了箕作麟祥與森有禮之外，其他八人都已是十幾至二十幾歲的青年。換言之，在開始懂得思考的青年期，他們正好碰上了日本歷史上最大的危機期與變動期。目不暇給的變動刺激了他們的思考，也讓他們興起了為日本尋找出路的使命感。這一點，也可印證在屬於同一世代的維新功臣。雙方唯一不同的地方是，維新功臣在政治的領域為日本找出路，福澤諭吉等人則是在思想的領域為日本找出路。

第二個共通性是，這些啟蒙思想家大都出身於下級武士的家庭，只有西村茂樹與加藤弘之是出身於中級武士的家庭。由於出身於下級武士，從小便得看中、上級武士的臉色過日子，俸祿也遠不及中、上級武士，因此較容易對封建制度不滿，也較容易認同標榜「人人生而平等」的西方文明。

第三個共通性是，這些啟蒙思想家從小就打下了儒學的基礎，到了青年期，才投入洋學的世界。對他們的啟蒙運動而言，幼年期的儒學修養有利也有弊。利處是，由於了解儒學，因此當他們拿洋學一比較，便立刻發覺儒學不合理的地方或趕不上時代潮流的地方在哪兒，一旦批評起傳統思想（儒學），往往能擊中要害。弊處是，不管是他們願不願意，儒學已經成為他們思想的一部分，而由於儒學的如影附形，西洋思想到了他們的手裡，多少便會染上東方的傳統色彩，情形嚴重的話，甚至會喪失掉西洋思想的本質。

第四個共通性是，他們投入洋學的世界時，都是先學習蘭學，直到發現蘭學不太管用後，才轉學英學、法學或德學。在他們之前，日本也極少部分人學會英、法、德語，可是透過英、法、德語攝取西方學問的，福澤諭吉（英學）、西周（英學）、箕作麟祥（法學）和加藤弘之（德學）可說是開山鼻祖。

第五個共通性是，大多數的啟蒙思想家在幕末都以幕臣的身分，任職於幕府的洋學研究機構藩書調所（後改名開成所）或外交部翻譯課。西周、津田真道、杉亨二、加藤弘之與箕作麟祥都曾在藩書調所與開成所擔任助教或教授。箕作秋坪與福澤諭吉則任職於外交部的翻譯課。他們之所以不約而同地在藩書調所或外交部翻譯課工作，最主要的原因是這二個幕府機構有很多洋書可供他們鑽研之故。當時的洋書相當昂貴，以他們微薄的俸祿，很難負擔購書開支。因此對他們而言，這二個機構所提供的洋學環境可說是再理想不過的。

第六個共通性是，這十位「明六社」的成員當中，有七位在幕末曾經到過西方，體驗過西洋文明。福澤諭吉三度隨使節出洋，其中有二次到美國，一次到歐洲。箕作秋坪也二度隨使節出洋，一次到歐洲，一次到俄國。西周與津田真道是幕府派遣到荷蘭的留學生。中村正直是以留學生監督的身分，於一八六六年前往英國。森有禮是薩摩藩派遣到英國的留學生之一。箕作麟祥則於一八六七年跟隨德川昭正前往法國參加巴黎博覽會。

幕末時期能夠到西洋開開眼界的日本人可說是得天獨厚，而這些啟蒙思想家抓住了他們生命中千載難逢的機會，在西方各國盡情獵取西方文明，為他們歸國後的啟蒙運動補足了養分。

「明六社」自一八七四年三月起，開始對外發行《明六雜誌》（起初每個月發行二期，後來改成每個月三期）。《明六雜誌》每一期只刊登四、五篇文章，總頁數還不到二十頁，而且紙張粗糙，只有文字，沒有任何的圖案。然而，這本極為簡陋的小刊物卻風靡了當時的知識青年。為什麼呢？因為不僅執筆者都是日本當時響叮噹的啟蒙思想家，而且他們所寫的大多是一般日本人前所未聞，震撼性、前衛性十足的文章。

例如，西周便撰文主張將日文改成羅馬拼音。此外，他還站在功利主義的立場，提倡「人生三寶說」——健康、知識與財富為人生最有價值的三件寶物。這種說法對現代人而言似乎是理所當然，可是在大多數日本人還把忠孝節義等道德情操列為人生最高價值的當時，西周的主張提供了青年學子另一個新的思考空間。

森有禮提倡「契約結婚」

此外，森有禮在〈妻妾論〉一文中所提倡的一夫一妻制、男女平等與契約結婚也轟動一時。森有禮的思想受西方文化影響很深。一八七〇年，他擔任日本駐美大使時，曾在紐約對一群日本留學生作了場演講。在這場演講中，森有禮首先述說文明開化對日本的重要性，接著他說，為了達到文明開化，日本應該捨棄日語，改用英語，不過現在的英語太難了，不容易學，最好能發明一種簡易的日式英語（Japanese English）。最後，森有禮還鼓勵留學生與美國女性結婚，帶回日本，以改良日本的人種。由此可見森有禮的西化主張是何等激進。胡適（一八九一—一九六二）若知道遠在他出生前十九年，日本就有人提出比「全盤西化」更徹底的主張——連語言、人種也西化，不知會作何感想？

森有禮不僅為文提倡「契約結婚」，自己也身體力行。他結婚時，請福澤諭吉當證人，與新娘交換結婚契約書。契約書上寫著：

一、從今以後，森有禮以廣瀨阿常為妻，廣瀨阿常以森有禮為夫。

二、訂契的雙方在有生之年，在未廢棄本契約之前，必須相敬相愛、遵守夫妻之道。

三、有禮、阿常夫妻所共有的，以及應該共有的財物，必須經過雙方的同意，才得以與他人貸借或買賣。

「明六社」的成員不僅透過《明六雜誌》，也透過翻譯和著作，啟蒙民眾。

加藤弘之早在一八六一年便著手寫日本第一本介紹立憲思想的書《鄰草》。一八七〇年出版的《真政大意》與一八七五年出版的《國體新論》則是站在天賦人權的立場，主張立憲政治。

津田真道於一八六六年翻譯的《泰西國法論》是日本第一本介紹西洋法學的書。

中村正直翻譯的《西國立志篇》與《自由之理》感動了成千上萬的明治青年。

西周著有《百一新論》、《政知啟蒙》等書，是第一位將西洋哲學移植到日本的啟蒙思想家，因而有「日本近代哲學之父」之稱。「哲學」、「主觀」、「客觀」、「先天」、「後天」、「理性」、「悟性」、「歸納」、「演繹」等哲學用語都是西周首創的譯語。這些譯語不僅被日本人所接受，而且後來還輸出到中國，為中國人所接受。

順便一提的是，「權利」、「義務」、「科學」、「宗教」、「自由」、「經濟」、「社會」、「論理」、「心理」、「抽象」、「具體」、「觀念」、「概念」、「主義」、「定義」、「印象」、「象徵」等用語，也是明治初期的啟蒙思想家所創。當時，他們為了翻譯這些西洋文明的重要概念，卻又無法在既有的漢語體系中找到對等語彙（因為傳統的中國文明沒有這些概念），只好挖空心思，創造出新的漢字語彙。後來，這些made in Japan的「新漢語」，經過康有為、梁啟超等中國啟蒙思想家的沿用與傳播，也被所有的中國人使用，直到現在。

眾所周知，漢字是中國人所發明，由中國輸出到日本、朝鮮、越南等地。日文中，不但漢字來自中國，連平假名、片假名也是由漢字的草書與偏旁變化而成。毫無疑問地，在語言上，中國是日本的老師。可是到了明治維新之後，日本的啟蒙思想家為了翻譯、引進西洋文明，創造了許多「新漢語」，並輸出到中國。日本反而成了中國的老師。中日間這種師徒關係的逆轉現象直到現在還持續著。日本人仍舊不斷地創造新漢語，如「放送」、「新人類」、

「熱賣中」、「開催」、「發想」、「親子」、「物流」、「過勞死」、「賣場」，以及棒球術語中的「先發」、「中繼」、「救援」投手等，並且逐漸為台灣人接受。

這種語言上的師徒關係逆轉，只是整個文明的師徒關係逆轉的一環而已。**而數千年來一直擔任老師角色的中國，之所以在短短數十年之間逆轉成徒弟角色，最主要的原因便是在於中日雙方在面對西洋文明的挑戰時，所作的截然不同的反應。**一邊是積極引進西洋文明，一邊是抗拒、排斥西洋文明。

最後，我們得提一提「明六社」成員當中，對啟蒙運動貢獻最大，影響也最深遠的啟蒙大師——福澤諭吉（關於福澤諭吉的詳細生平，請參考拙著《改造日本的啟蒙大師》遠流出版公司）。

福澤諭吉出身於九州中津藩下級武士的家庭，十九歲時開始學蘭學，二十四歲時改學英學。一八六〇年，二十五歲時，隨幕府使節赴美；一八六二年，二十七歲時，再隨幕府使節赴歐；一八六七年，三十二歲時，又隨幕府使節團赴美。這三次珍貴的出國經驗，不但讓他親自體驗了歐美文明，而且還讓他採購了大量的西洋書籍。這兩樣收穫，加上早年累積的外語（荷蘭語與英語）功力，便是他成為啟蒙大師的最大本錢。

一八六六年至七〇年之間，福澤諭吉出版了三卷《西洋事情》，詳細地介紹了西洋文明。由於當時日本還沒有這類西洋文明的入門書，因此立即造成轟動，成為空前的暢銷書，包括各式各樣的盜印版在內，《西洋事情》總共出了二十萬至二十五萬套。

一八七二年至七六年之間，福澤諭吉再接再厲出版了十七卷的《勸學》。這十七卷《勸學》，每卷的銷售量都多達二十萬冊以上，也是超級暢銷書。福澤諭吉在《勸學》裡，苦口婆心地勸他的日本同胞要努力學習「實學」（與實際生活有關聯的學問），以培養獨立的精神。而他在《勸學》第一卷一開頭所寫的「天在人之上不造人，在人之下也不造人」則成為膾炙人口的名言。

此外，福澤諭吉又於一八七五年出版了他的第三本啟蒙名著《文明論之概略》。在這本書裡，他大力批判日本的傳統文明，並主張全力引進西洋文明，使日本早日成為文明國家。

除了著書啟蒙之外，福澤諭吉並於一八六八年創設慶應義塾（慶應大學的前身），為日本培育出無數名社會菁英。

第八章
「日本能，中國不能」的原因

近代中國與日本的現代化競賽，其勝負關鍵可說是在於西方情報的取得，誰愈了解西方，誰就會愈早放棄「攘夷」，愈快引進西方文明。

蘭學對近代日本的貢獻

一八六七年八月十六日的《北華捷報》（*North China Herald*）登載了一篇比較中日兩國的文章，其中有這麼一段話：

這兩國的國民差異極大。一邊是進步主義的典範，一邊是保守主義的化身。中國人喜歡回顧過去，日本人喜歡展望未來。當面臨一項新的計畫時，中國人首先考慮的是如何反對該項計畫，日本人則以極為樂觀與善意的心態迎接任何新點子……

這段話充分顯露出當時的西方記者已經察覺到中日兩國在面臨西方文明的衝擊後，所表現出來的截然不同的因應方式。一邊是斷然拋捨舊文明，迎向新文明；一邊是繼續窩在老祖宗的文化遺產中尋求慰藉。

為什麼會這樣呢？

為什麼日本在一八五四年被培里撞開國門之後，只經過了十四年的摸索，便於一八六八年，由明治天皇代表維新政府宣誓「打破舊來之陋習」、「求知識於世界」（五條誓文）——這無疑是一項引進西方文明的國策宣言。

相反地，為什麼中國在一八四〇年鴉片戰爭、一八四二年南京條約之後，經過半個世紀以上的蹉跎，仍見不到全面性的改革行動。直到一八九四年中日甲午戰爭爆發，慘敗，翌年簽訂馬關條約，之後，中國才比較清醒過來，才於一八九八年由康有為、梁啟超等人主導變法維新——而且只持續一百天便遭到保守派的反撲而挫敗。

為什麼日本於一八七一年派遣「半個政府」，花一年又九個月的時間，前往歐美十二個國家，一心一意地吸取西方文明，而二十九年後（一九〇〇年），中國政府卻發動了一場貽笑千古的大攘夷行動——義和團事變。

為什麼日本能夠在十幾年之內就摸清楚世界的情勢、自己在這個世界情勢中的處境，以及今後應該努力的方向，中國卻蹉跎了半個世紀之後，還在玩攘夷的遊戲？

換言之，為什麼日本能夠很快地搞清楚狀況，中國卻選擇搞不清楚狀況？

原因有下列幾點：

第一，日本有蘭學，中國則無。

日本的蘭學起源可追溯到十七世紀中期的長崎通詞（翻譯員）。當時，德川幕府雖然實行鎖國，可是仍舊准許荷蘭人與中國人到長崎貿易。而日本在與荷蘭人來往、貿易的過程中，久而久之，便形成了一群懂荷蘭語的通詞，負責居間翻譯。一六九〇年時，長崎的通詞大約有一百二十名。這些通詞雖然具備一定程度的荷蘭文會話能力，可是並沒有真正下功夫研究西洋學術，頂多只是從荷蘭人那兒學到一點醫學或天文學的粗淺知識罷了。

直到幕府第八代將軍德川吉宗（在位一七一六—四五）時，蘭學才開始生根發芽。德川吉宗是歷任將軍中對外國事物最感興趣的一位。當時，居住在長崎出島的荷蘭人每年都必須前往江戶參見將軍。歷任將軍在會見這些荷蘭人時，都是隔著一層簾子。可是德川吉宗為了看清楚荷蘭人的模樣，卻下令撤除簾子，而且還要荷蘭人表演唱歌、跳舞、擊劍，給他以及他的侍臣們開開眼界。此外，德川吉宗還託荷蘭人進口外國的書籍、器械、動物（如孔雀、鴕鳥、火雞、九官鳥、馬等）以及植物的種子。

一七二九年，德川吉宗命令通詞今村英生翻譯出一本有關馬的荷蘭書《西說伯樂必攜》。這是第一本由荷蘭文翻成日文的書籍。

一七四〇年，德川吉宗命令幕臣青木昆陽與野呂元丈向荷蘭商館長與長崎通詞學習荷蘭文。這是首度由通詞以外的日本人學習荷蘭文。後來，青木昆陽著寫了《和蘭貨幣考》、《和蘭話譯》、《和蘭文譯》、《和蘭文字略考》等書，野呂元丈則寫了《阿蘭陀本草和解》與《阿蘭陀禽獸蟲魚圖和解》。

一七七四年，前野良澤（青木昆陽的學生）、杉田玄白、中川淳庵、桂川甫周等人聯手翻譯出日本第一本西洋醫學的翻譯書《解體新書》。

蘭學的研究直到《解體新書》為止，雖然多少有點兒進展，可是由於一般人很難找到修習荷蘭文的管道，因此始終成不了什麼氣候。日本當時的學術界，儒學是主流，如果說儒學的勢力像一片森林的話，那麼蘭學只不過是一堆小草而已。可是不久，蘭學界就出現了一顆巨星，大幅提升了蘭學的勢力。這顆巨星就是大槻玄澤（一七五七—一八二七）。

大槻玄澤的名字原本不是「玄澤」，一七七八年他拜在杉田玄白與前野良澤的門下，學習蘭學，之後，才各取二位恩師名字中的「玄」與「澤」，改名為「玄澤」。

大槻玄澤對日本的蘭學發展有二個很重要的貢獻。一個是於一七八八年出版《蘭學階梯》，一個是於一七八九年在江戶開設蘭學私塾「芝蘭堂」。《蘭學階梯》是一本蘭學的入門書，分上下二卷，上卷述說蘭學的起源、發展、重要性以及學習者應注意的事項，下卷則介紹荷蘭的文字、發音、拼字的原則以及翻譯的要領等。這二卷《蘭學階梯》雖然無法讓人在閱畢後就具備相當程度的蘭學功力，卻可讓初學者或門外漢了解蘭學的大致輪廓，發揮了很大的啟蒙效果。

「芝蘭堂」前後總共招收了上百名來自日本各地的莘莘學子，對普及蘭學教育貢獻極大。出身於「芝蘭堂」的蘭學者當中，較著名的有稻村三伯、山村才助、宇田川玄真與橋本宗吉等人。其中，稻村三伯與曾任長崎通詞的石井土助等人合作，根據荷蘭人哈魯馬（當時音譯成〔波留麻〕）所著的蘭花辭典，編纂成一本荷日辭典《波留麻和解》（又名《江戶波留麻》）。

稻村三伯等人前後花了十年的歲月，才於一七九六年完成這本收錄語彙多達八萬字的辭典，而這也是日本第一部荷日辭典。

過去蘭學之所以成不了什麼氣候，主要原因是在於一般人很難找到學習蘭學的管道。可是在大槻玄澤及其門生的努力之下，有志於學習蘭學的人不但可以進入像「芝蘭堂」這樣的蘭學私塾，而且也可以藉著入門書《蘭學階梯》與工具書《波留麻和解》，輕鬆地敲開蘭學的大門。

一八一〇年，稻村三伯的門生藤林普山，把八萬字語彙的《波留麻和解》濃縮成二萬八千個語彙後出版。這本濃縮版的荷日辭典叫做《譯鍵》。

一七九六年，長崎通詞吉雄元吉移居京都，開設蘭學私塾「蓼莪堂」。一八〇〇年，大槻玄澤的門生小石元俊也在京都開設蘭學私塾「究理堂」。京都成為僅次於江戶的蘭學中心。

此外，在蘭學的起源地長崎，出現了一位了不起的蘭學大師志筑忠雄（一七六〇—一八〇六）。志筑家世世代代都是擔任通詞，到了志筑忠雄已經是第八代。一七七七年，志筑忠雄以生病為理由，辭去通詞職位，開始專心研究蘭學。之後，他著譯了三十多本書。這些書大致可分成①天文學，②荷蘭語學，③世界地理學及時事評論三大類。

在天文學方面，志筑忠雄寫出了他一生的代表作《曆象新書》。這本書不僅介紹牛頓、開普勒的學說，而且志筑忠雄還提出了自己獨創的星雲說，並計算出長崎與巴黎的重力差。「彈力」、「重力」、「求心力」（向心力）、「遠心力」、「加速」等物理學的譯語都是志筑忠雄首創，他可說是日本的物理學與天文學之父。

在荷蘭語學方面，志筑忠雄著作了《和蘭詞品考》、《助字考》、《蘭學生前父》、《四法諸時對譯》、《三種諸格論》等多種有關荷文文法的書。在當時的蘭學界，志筑忠雄可說是研究荷文文法的第一人。

在世界地理學與時事評論方面，志筑忠雄著譯有《萬國管闚》、《魯西亞志附錄》（敘述俄人在西伯利亞拓展的歷史）、《二國會盟錄》（敘述中俄兩國於一六八九年簽訂尼布楚條約的前後經過）與《鎖國論》。

經過大槻玄澤與志筑忠雄等人的努力。日本的蘭學進入了興盛期。在此之前，蘭學的研究領域只限於醫學、天文學與本草學，可是進入興盛期之後，開始出現物理學、化學、砲學等新的領域，而且像醫學，也出現了內科學、外科學、產科學、眼科學、小兒科學等更專門的書籍。

蘭學私塾

在眾多蘭學者的努力下，各式各樣的荷文文法書、蘭學入門書、單字會話書等一一問世，提供給初學者很大的便利。更重要的是，新的蘭學私塾也不斷地在日本各地設立。培里艦隊來航之前，日本較著名的蘭學私塾有下列幾所：

在江戶有伊東玄朴的「象先堂」（入門者四〇三人）、坪井信道的「日習堂」（入門者一六六人）、土生玄碩的「迎翠堂」（入門者三一七人）。

在大阪有緒方洪庵的「適塾」（入門者六三六人）。

在京都有新宮涼庭的「順正書院」（入門者五八人）。

在佐倉有佐藤泰然的「順天堂」（入門者不明）。

在大垣有江馬家的「好蘭堂」（入門者三三一人）。

合計上列蘭學私塾的入門者（「順天堂」除外），總共為一九一一人。若再把其他名不見經傳的小私塾，以及靠私人傳授或獨學的人也估算進去的話，那麼培里艦隊來航之前，日本的蘭學人口至少應在二千人以上。

另一方面，同時期的中國卻沒有任何一所蘭學私塾（或洋學私塾），蘭（洋）學人口可說是零。

一邊有二千名以上的蘭學人口，一邊完全沒有，這個差異非常重大。日本有二千名以上的蘭學人口，意味著遭遇外患（培里艦隊來航）之前，日本已經至少有二千人透過蘭學，對西方的文明有某種程度的研究與認識。另一方面，沒有蘭（洋）學人口的中國，在外患（鴉片戰爭）來臨之前，則對西洋文明幾近無知。

在近代史上，決定中日兩國命運的關鍵點，便是當兩國面臨來自西方的衝擊時，誰能早日搞清楚狀況。誰先搞清楚狀況，誰就先引進西方文明，誰就先富國強兵。至於始終搞不清楚狀況的那一邊，就得在層出不窮的對外戰爭、割地、賠款與亡國的危機中迷迷糊糊地度日子。

日本比中國先搞清楚狀況。為什麼呢？因為日本有蘭學。蘭學使日本在西方的衝擊來臨之前，便對西方文明有一定程度的認識。站在蘭學的基礎上，日本要搞清楚狀況，甚至要引進西方文明，其所需花費時間與痛苦都要比中國少得多。

學蘭學的傑出人物

幕末維新期的傑出人士當中，有很多人都學過蘭學，大思想家佐久間象山便是其中之一。

佐久間象山（一八一一—六四）於一八四二年受藩主真田幸貫之命，研究海外情事，因而讀遍相關的翻譯書。後來他覺得光讀翻譯書還不夠，便於一八四四年拜蘭學者黑川良庵為師，學習蘭學。

「讀遍翻譯書」與「學習蘭學」這兩件事，讓佐久間象山很快地就搞清楚狀況——在培里艦隊來航之前。例如，他在一八四二年上書給真田幸貫的「海防策」當中就指出：中國與英國現在正在打仗（鴉片戰爭），中國若打敗，日本必大受威脅。因此必須趕緊在海岸要地設立大砲以及建造洋式軍艦。可是日本還沒有建造洋式軍艦的技術，因此當務之急就是向荷蘭購買二十艘軍艦，以及從荷蘭聘請二十名熟悉海戰的航海測量專家、十名造船工匠、五名造砲技工以及五名陸戰專家，並從全日本挑選優秀的人才向這些荷蘭專家學習。

佐久間象山提出的這些海防對策極具前瞻性，就以聘請荷蘭航海專家為日本訓練海軍人才一事為例，日本必須等到一八五五年幕府在長崎設立海軍傳習所才得以實現。換言之，佐久間象山的主張比幕府的行動早了十三年，比培里艦隊來航早了十一年。

一八四九年，佐久間象山為了請求藩政府協助他出版荷日辭典，上書給藩主真田幸貫。他如此寫道：

近來西洋諸國日漸強盛，尤其在器械、技術方面，進步神速。清朝中國卻仍舊視西洋諸國為夷狄，忘掉中國兵法中『知己知彼』的教訓，以致與西洋諸國打了幾次仗都慘遭敗北。昔日出現過文、武、周公、孔子的堂堂大國。如今蒙上千年之恥，實在令人嘆息。

可是這並不只是清國的問題而已。近年來，西洋諸國的船隻頻頻出沒於日本近海。他們或乞求薪、水，或提出信函，或要求貿易，或出之以暴行，千方百計地想與日本接觸。毫無疑問地，他們必有侵略日本的野心。因此，日本必須趕緊加強防備才行。

然而，日本三百年來過慣了太平生活，上下人心習於安逸，對加強防備一事並不怎麼熱衷。因此，臣認為當務之急應該先讓更多日本人了解西洋諸國的情形，了解他們的優點與缺點。一旦了解西洋諸國的情形後，便能夠吸取對方的優點，攻擊對方的缺點。這就是兵法上所說的『知己知彼』。而若要了解西洋諸國的情形以及其優缺點，最好的方法就是讀西洋原文書。若要讀西洋的原文書，就得懂西洋的文字。若要懂西洋的文字，使用荷蘭人多福所翻譯的《波留麻辭典》效果最大。

由此可知，佐久間象山在一八四九年，也就是培里艦隊來航前四年，就已經看出「讓更多的日本人學會西洋文字→看懂西洋原文書→了解西洋諸國」的重要性。因為這樣才能「知己知彼」，「知己知彼」之後，才能因應即將來臨的外患。

由此可見，佐久間象山當時已充分掌握了狀況。由於充分掌握了狀況，才能提出如此前瞻性的主張。而佐久間象山之所以能在培里艦隊來航前就充分掌握狀況，一部分原因固然是在於他的智慧過人，但是大部分原因則應歸功於各種翻譯書（這是眾多蘭學者經年累月沉浸於蘭學的成果）與荷蘭原文書所提供給他的西洋知識。

除了佐久間象山之外，幕末維新期的傑出人物當中，與蘭學有關係的還有下列幾位。

坂本龍馬——他是佐久間象山的門生，後來從中撮合長薩同盟，並擬定出極為先進的政權構想「船中八策」。

吉田松陰——也是佐久間象山的門生，在佐久間象山的鼓勵下，偷渡美國失敗。他在偷渡時僅攜帶一只包袱，包袱中有《和蘭文典》（荷文文法書）與《譯鍵》（荷日辭典）。由此可知吉田松陰多少有點蘭學基礎。後來他在家鄉開設私塾，培養出很多優秀的人才，如高杉晉作、久坂玄瑞、前原一誠、井上馨、山縣有朋、伊藤博文、品川彌二郎等。吉田松陰雖然偷渡美國失敗，可是他的門生井上馨與伊藤博文後來卻偷渡英國成功。

島津齊彬——有一定程度的蘭學素養，在位期間大力延聘各地著名蘭學者，為薩摩藩翻譯蘭書，製造西洋器物，是幕末諸侯當中對西洋文明認識最深，也是最積極引進西洋文明的賢君。

勝海舟——一八四四年，二十一歲時，拜在蘭學者永井青崖的門下，學習蘭學。由於家貧，買不起荷日辭典，便向人借了一本《多福波留麻》荷日辭典，花了二年的時間抄寫複製。

橋本左內——一八四九年，十五歲時，進入緒方洪庵的「適塾」學習蘭學。後來成為越前藩主松平慶永的手下第一智囊，也是一橋派的健將，可惜年紀輕輕就死於安政大獄。西鄉隆盛受橋本左內影響頗大，他曾說：「我最佩服的人，前輩當中是藤田東湖，平輩當中是橋本左內。」一八七七年，西鄉隆盛在「西南戰爭」一役中兵敗自殺時，懷裡還放著一封橋本左內於一八五八年年初寫給他的信。

福澤諭吉——一八五五年，二十歲時，進入緒方洪庵的「適塾」學習蘭學，後來成為極具影響力的啟蒙思想家。

大村益次郎——十八歲時，拜蘭醫梅田幽齋為師，二十歲時，進入緒方洪庵的「適塾」。培里艦隊來航後，被宇和島藩延聘去翻譯西洋軍事書以及指導軍艦的製造。明治新政府成立後，致力於日本軍事制度的現代化。

津田真道—啟蒙思想家。曾拜箕作阮甫、伊東玄朴為師，學蘭學；拜佐久間象山為師，學西洋砲術。

西村茂樹—啟蒙思想家。曾拜佐久間象山為師，學西洋砲術；拜手塚律藏為師，學蘭學。

加藤弘之—啟蒙思想家。曾拜佐久間象山為師，學西洋砲術；拜坪井為春與杉田白玄為師，學蘭學。

蘭學學統略圖（實際的學統比這個略圖還要複雜得多）

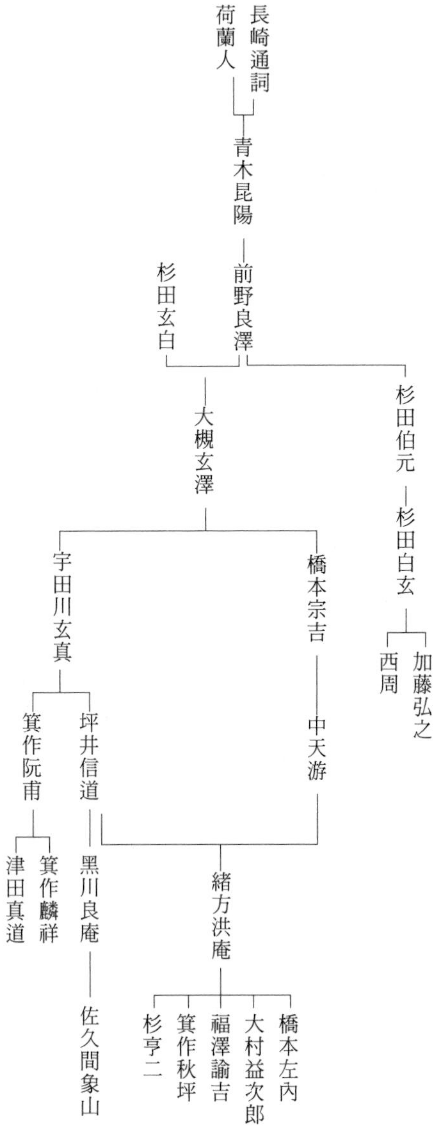

箕作秋坪—啟蒙思想家。曾先後隨箕作阮甫、緒方洪庵學蘭學。

箕作麟祥—啟蒙思想家。隨祖父箕作阮甫學蘭學。

杉亨二—統計學者、啟蒙思想家。曾隨緒方洪庵、杉田成卿學蘭學。

西周—啟蒙思想家。曾隨杉田白玄學蘭學。

以上就是幕末維新期曾學過蘭學的幾位傑出人物。他們憑藉蘭學的知識，得以比一般人早一步掌握「狀況」（西方文明遠勝過東方文明——起碼在科技與軍事的領域，日本必須趕緊引進西方文明，才能免除亡國的危機），並透過政治活動或啟蒙教育，影響了日本的走向。

掌握西方情勢

此外，還有很多活躍在歷史舞台的傑出人物，雖然沒有正式學過蘭學，可是卻透過閱讀翻譯書或朋友的影響，而得以相當程度地掌握狀況。例如，西鄉隆盛雖然沒有學過蘭學，可是其思想卻受到島津齊彬、橋本左內與勝海舟等人頗多的啟發。又如幕末最了不起的思想家橫井小楠，雖然也沒有正式學過蘭學，可是卻經由翻譯書以及與橋本左內、勝海舟等人交往，而充分掌握了狀況。他在一八六〇年所寫的《國是三論》中，有這麼一段精采的世界情勢分析：

> 世界五大洲之中，亞洲的中國為東面臨海的大國，文物早開，稻、麥、黍、稗等人類生活上所需的物資無一不足。機械技術、工藝品及其他所有的東西都可靠國內供給，產物的量也很豐富。因此，上自朝廷，下至庶民，形成了自大傲慢的風習。他們雖然允許海外各國前往中國從事朝貢貿易，可是自己卻不願意前往外國尋求什麼，也不懂得向他國吸取智識。為此，中國的兵力漸衰，最後終於遭到其他洲的國家所侵略。
>
> 歐洲就不一樣了。這兒東與亞洲相連，其他三邊臨海，位於地球的西北方，面積比亞洲小得多，產物也不足，必須從其他地區運來才行。因此，歐洲各國都必須依靠航海。他們之所以航海，不單只是為了貿易，有時也會派遣軍艦到

國外肆行侵略，擴張領土，增加殖民地。葡萄牙人繞過非洲的好望角抵達印度洋，西班牙的哥倫布航抵北美東岸，亞美利加・卑斯葡西發現南美等等，各國競相航海並開拓新天地。

其中，尤其是英國，由於是個位於歐洲西端的孤島，四面環海，因此對航海最積極，拚命獲取、擴大殖民地，以達富強的目的……

接著，橫井小楠述說印度如何被英國併吞，以及俄國如何積極對外擴張，然後說：

照這個形勢看來，數年之後，英國與俄國說不定會在日本海發生戰爭。屆時，由於日本（的地理位置）控制著日本海的咽喉，日本的動向深深地關係著這場戰爭的勝敗，因此，兩國必然會設法奪取日本，而日本也就處於極危險的境地……

又說：

> 海外的形勢如上所述。各國一天比一天興隆強盛，只有日本卻安享太平日子，讓毫無用處的軍隊接受如兒戲般的訓練，這會有什麼效果嗎？為今之計，除了強化海軍之外，沒有其他對策了。

沒有正式學過蘭學的橫井小楠依舊可以把狀況掌握得這麼好。為什麼呢？因為他可以透過蘭學者所著述、翻譯的書籍，以及周遭有蘭學經驗的朋友，獲得一定程度的海外知識。

由上述可知，近代日本在摸清楚狀況的過程中，蘭學所扮演的角色是何等重要，而沒有蘭學（或其他洋學）的中國可是何等「吃虧」。

近代中國與近代日本的現代化競賽，其勝負的關鍵可說是在於西方情報的取得。誰愈早取得西方的情報以及取得的愈多，誰就愈了解西方，而誰愈了解西方，誰就會愈早放棄「攘夷」以及愈快引進西方文明。

以這個觀點來看的話，中國落後日本的始點並不是在一八九四年的中日甲午戰爭，也不是在一八六八年的明治政府成立，還要更早、更早，最起碼應該往前推到一七八六年。因為這一年，日本的蘭學宗師大槻玄澤在江戶開設蘭學私塾「芝蘭堂」，培育出上百名來自日本各地的學子，對普及蘭學貢獻極大。起碼自這一年起，中日雙方對西方情報的取得與西洋文明的認識，無論是質或量，都開始有了明顯的差距。

若以鴉片戰爭發生的那一年，一八四〇年，為中日兩國現代化競賽的起跑線的話，那麼日本在槍聲響之前，早已起碼「偷跑」了半個世紀（一八四〇減一七八六等於五十四年）。

半個世紀的差距讓中國註定要輸掉這場競賽。中國輸得一點兒也不奇怪，一點兒也不冤枉。

科舉、武士階層及其他原因

「日本有蘭學，中國則無」是日本能夠很快地搞清楚狀況，而中國卻遲遲搞不清楚狀況的第一個原因、其他原因還有：

第二，中國有科舉制度，日本則無。

中國的知識分子一生當中最重要的目標就是考上科舉，唯有考上科舉，才能當官發財，才能光宗耀祖。而科舉的考試範圍只限於儒家經典的四書五經，並不考英、數、理、化、史、地。因此，中國的知識分子便把畢生的精力投擲在四書五經裡，對其他學問漠不關心。即使他們考場失意，而不得不開設私塾以謀生計時，所教授的也是四書五經，因為沒有人願意學考試範圍以外的學問。假如大槻玄澤當年跑到中國來開設「芝蘭堂」，肯定招不到半個學生。

這可以解釋為什麼利瑪竇等耶穌會教士雖然於十六世紀末期前往中國傳教，將西洋學術介紹給徐光啟、李之藻等知識分子，可是洋學始終沒有在中國形成氣候的原因。對中國的知識分子而言，洋學是一門既沒有黃金屋也沒顏如玉的夷狄學問。

中國的科舉制度成立於西元五八七年（隋文帝），廢止於一九〇五年（清光緒）。在這長達一千三百一十八年的期間，中國知識分子的精力與腦力全耗損在科舉制度所劃定的四書五經的框框裡面。因此，當鴉片戰爭發生之後，除了極少數特別優秀的人（如林則徐、魏源）之外，絕大多數的知識分子都無法靠他們僅有的四書五經的知識，去判斷這場戰爭的意義。直到鴉片戰爭發生後的六十五年（一九〇五減一八四〇等於六十五年），中國知識分子的思想力與創造力才得以因科舉制度的廢止而獲得解放。

日本就不一樣了。日本沒有科舉制度（很奇怪，日本樣樣學中國，就是科舉制度與宦官制度不學）。儒學固然是知識分子必修的教養科目，可是也僅止於「教養」而已，跟當官發財或光宗耀祖並沒有直接關聯。儒學在日本並不像在中國那樣有絕對性的權威，因而才有蘭學發展的空間。

中國由於科舉制度的關係，學問被一元化，知識分子的思想力受到極大的限制。日本則由於沒有科學制度的關係，學問呈多元化（有儒學、國學、蘭學），知識分子的思想力有較自由奔放的空間。因此，當兩國遭受到西洋文明的入侵時，多元化的日本所表現出來的應變能力便要比一元化的中國要敏捷得多。

第三，日本有武士階層，中國則無。

日本在江戶時代的社會結構有士、農、工、商四個階層，其中，士（＝武士）是統治階層，也是社會的菁英。農、工、商負責生產，武士則負責統治與打仗。武士既然負有打仗的義務（也是權利），從小多多少少就得學習一些打仗的技巧——騎馬、射箭、劍道、柔道，甚至兵法的知識。因此，當外患（培里艦隊來航）出現時，這些從小在尚武的環境下成長的武士，基於捍衛國家的使命感，便會對外患的動向抱持著極大的關心，並採取行動。比較血氣方剛的人會不管三七二十一的實行攘夷，比較冷靜而有見識的人則會先設法收集更多的情報，了解敵人，搞清楚狀況。

另一方面，中國也有士、農、工、商之分，而且其中的士也是社會菁英。可是中國的「士」並不是武士，而是滿腦子之乎者也的讀書人。他們不需修習武術，對打仗也沒什麼概念，因此當外患出現時，他們關心的程度不如日本武士強烈。他們的心全擺在科舉上，打仗是政府的事。

同樣是「士」，日本的「士」會拋頭顱、灑熱血，刺殺幕府的宰相井伊直弼、安藤信睦，或者像吉田松陰那樣，冒著生命危險也要到西方一探夷情，搞清楚狀況，中國的「士」卻沒有類似的行動。一邊是對外患敏感，積極地採取行動；一邊是對外患鈍感，消極地置身事外。雙方的「士」之所以有這麼大的差別，應該與尚武環境的有無，以及捍衛國家使命感的強弱有很大的關聯。

第四，中國遭西方衝擊在先，日本遭西方衝擊在後。

中國與英國發生鴉片戰爭後，這個重大的消息很快地就傳到日本。消息來源的管道有二個，一個是前來長崎貿易的中國商船，一個是荷蘭商船向幕府提供的「風說書」。

德川幕府當年實行鎖國，在西洋各國中，只准許荷蘭前往長崎貿易時，對荷蘭開出了一個條件，亦即，荷蘭商船每次入港時，必須彙整海外的最新情報，經過長崎通詞翻譯成日文後，呈遞給長崎奉行，再由長崎奉行上呈給幕府。這份海外的最新情報資料，就叫「風說書」。

日本就是透過「風說書」與中國商人的口述而獲知鴉片戰爭的來龍去脈。另外，中國第一流知識分子魏源鑑於鴉片戰爭的痛苦經驗與反省，而於一八四二年所寫的《聖武記》與一八四三年所寫的《海國圖志》，也分別於一八四四年（《聖武記》）與一八五一年（《海國圖志》）傳到日本——日本年年從中國進口的商品之中，有一部分是書籍。

佐久間象山在一八四一年寫給朋友加藤氷谷的一封信中，有這麼一段話：

關於清國與英國的戰爭，你最近是否有聽到什麼消息？據我所聽到的，事態好像非常嚴重，這個太古聖人以來的禮樂之邦恐怕免不了要被歐洲的夷人蹂躪一番，真是令人難過。

由此可知，當時日本的知識分子已知道鴉片戰爭爆發的訊息，並且與周遭朋友熱烈地討論此事。

對日本人而言，鴉片戰爭的爆發與中國的慘敗是一件驚天動地的大事。中國自古以來便是亞洲各國中文明最昌盛、勢力最強大的國家，如今，這個亞洲最強大的帝國竟然被來自千里之外的夷狄打敗，而不得不割地、賠款。這件事對近在咫尺的日本產生了很大的衝擊，給日本的有識之士帶來了危機意識。

而鴉片戰爭發生後十三年，培里艦隊才來航要求日本開國。也就是說，日本遭受西方的衝擊比中國遭受西方的衝擊晚了十三年。這十三年的時間讓日本的朝野上下得以冷靜思考中國挫敗的意義。

培里艦隊來航時，幕府之所以不像中國那樣採取強烈反擊的行動，而是一而再、再而三的妥協，就是因為從鴉片戰爭得到了教訓——反擊的結果只會步上中國的後塵，招來更大的災難與更多的屈辱。

日本遭受的外患比中國來得晚，所以日本能夠跟在中國後頭，撿拾中國的失敗經驗，而且由於旁觀者清之故，日本因而能比中國及早了解狀況，少走了很多冤枉路。

第五，中國的文化優越感比日本強烈。

中國的知識分子自古以來就把儒家思想視為「放之四海而皆準」的真理，中國是文明上國，是世界的中心，周遭國家都是夷狄蠻貊，從來只有夷狄貊向中國求救，而沒有中國向夷狄蠻貊學習的道理。因此，即使中國被西方來的夷狄一而再、再而三地擊敗，絕大多數的知識分子仍不願承認西方文明優於中國文明，仍不肯虛心求教。

另一方面，日本自古以來就知道自己的文明水準比不上中國，日本政府曾於七世紀派遣四次遣隋使、十二次遣唐使到中國學習先進文明，即使在鎖國之後，日本仍不斷地從中國進口書籍。因此，在東亞儒家文化圈中，日本的文化優越感當然遠遠比不上中國，不，不止如此，與強勢大國中國為鄰，日本的知識分子甚至還會有文化自卑感。因此，當長州藩和薩摩藩與西方列強交手一戰（四國聯合艦隊砲擊下關與薩英戰爭），親自體驗了西方的厲害之後，便立刻放棄「攘夷」的想法，轉而採取開國與吸取西方文明的路線。

為什麼日本能夠轉變得那麼快呢？因為日本的文化優越感沒有中國強烈。日本既然能夠在七世紀時拜中國為師，派大批留學生到中國虛心求教，當然也能夠在十九世紀如法炮製地拜西洋為師——當她們發覺中國這個舊老師已不中用，而西洋這個新老師又強太多時。

以上五項因素（①蘭學的有無，②科學制度的有無，③武士階層的有無，④中國較早遭受外患，⑤中國的文化優越感較強烈）是日本能夠比中國及早搞清楚狀況，並且在中日現代化競賽的槍聲響起之後，能夠迅速起跑，遙遙領先中國的主要原因。

直到現在，中國仍然遠遠地落在日本後面，仍看不見日本的背景。這個責任該由該來負呢？或許，千百年來自大自滿、怠惰不長進、汲汲於追求科學名利的中國知識分子，應該負起大部分的責任吧！

主要參考文獻

●小西四郎著《日本の歴史〈19〉開国と攘夷》中央公論社
●井上清著《日本の歴史〈20〉明治維新》中央公論社
●芳賀徹著《明治維新と日本人》講談社
●田中彰著《開国と倒幕（日本の歴史）》集英社
●中村哲著《明治維新（日本の歴史）》集英社
●松浦玲著《明治維新私論―アジア型近代の模索》現代評論社
●松浦玲著《日本人にとって天皇とは何であったか》辺境社
●松浦玲著《暗殺―明治維新の思想と行動》辺境社
●松浦玲著《徳川慶喜―将軍家の明治維新》中央公論社
●松浦玲著《勝海舟》中央公論社
●井上清著《西郷隆盛》（上、下）中央公論社
●毛利敏彥著《大久保利通》中央公論社
●井上勲著《王政復古―慶応3年12月9日の政変》中央公論社
●大久保利謙著《岩倉具視》中央公論社

●高橋富雄著《征夷大将軍──もう一つの国家主権》中央公論社
●今谷明著《武家と天皇──王権をめぐる相剋》岩波書店
●加藤祐三著《黒船異変──ペリーの挑戦》岩波書店
●武田楠雄著《維新と科学》岩波書店
●藤井哲博著《長崎海軍伝習所──十九世紀東西文化の接点》岩波書店
●飛鳥井雅道著《坂本龍馬》平凡社
●増田渉著《西学東漸と中国事情──「雑書」札記》岩波書店
●奈良本辰也著《歴史に学ぶ──明治維新入門》潮出版社
●奈良本辰也著《幕末群像 大義に賭ける男の生き方》ダイヤモンド社
●尾鍋輝彦著《二十世紀 4 明治の光と影》中央公論社
●平川祐弘著《和魂洋才の系譜──内と外からの明治日本》河出書房新社
●遠山茂樹著《明治維新》岩波書店
●田中彰《明治維新と天皇制》吉川弘文館
●朝日ジャーナル編集部著《日本の思想家〈上〉》朝日新聞社.

- 邦光史郎著《歴史を創った人々（4）近代篇》（近代篇）大阪書籍
- 安藤良雄著《日本の歴史 28 ブルジョワジーの群像》小学館
- 長岡新吉著《産業革命》教育社
- 沼田次郎編集《東西文明の交流 6 日本と西洋》平凡社
- 石附実著《近代日本の海外留学史》中央公論社
- 犬塚孝明著《薩摩藩英国留学生》中央公論社
- 田中彰著《岩倉使節団―明治維新のなかの米欧》講談社
- 宮永孝著《アメリカの岩倉使節団》筑摩書房
- 惣郷正明著《洋学の系譜―江戸から明治へ》研究社出版
- 沼田次郎著《洋学》吉川弘文館
- 松浦玲編集《日本の名著（30）佐久間象山・横井小楠》中央公論社
- 松本三之介編集《日本の名著（31）吉田松陰》中央公論社
- 植手通有編集《日本の名著（34）西周・加藤弘之》中央公論社

年表

西元	日本	中國
一八四〇		鴉片戰爭爆發（一八四二）。
一八四二	幕府取消「異國船打拂令」。改行「薪水給令」。	中英簽訂南京條約。魏源《聖武記》出版。
一八四三	阿部正弘任老中。	魏源《海國圖志》出版。
一八四四	法國船前往琉球要求通商。荷蘭國王威廉二世勸幕府開國。	中美訂望廈條約。中法訂黃埔條約。
一八四五	幕府拒絕荷蘭國王的勸告。英國船前往琉球要求通商。	林則徐任陝甘總督。
一八四六	美國東印度艦隊司令官比得爾率軍艦二艘前往浦賀要求建交。	
一八四七	幕府下令加強海岸警備。荷蘭人再度勸幕府開國。	
一八四八	外國船來日頻繁。佐久間象山製造洋式野戰砲。	
一八四九	英國測量船赴浦賀測量江戶灣。	廣州拒絕英人進城。
一八五〇		洪秀全建號太平天國。
一八五一		太平軍占永安。
一八五二	荷蘭人向幕府提出「風說書」，指出美國即將派艦隊前來日本。	太平軍占武昌。
一八五三	七月，培里艦隊來航，呈遞國書。將軍德川家慶去世。 八月，阿部正弘要各大名、幕臣、藩士針對美國國書提出意見。俄國使節普伽琴率軍艦四艘抵長崎。十月，幕府解除建造大船禁令。德川家定任將軍。	太平軍占南京，並繼續揮兵北上，直逼天津。
一八五四	二月，培里率艦七艘再度前來江戶灣。 三月，美日簽訂親善條約。 四月，吉田松陰偷渡失敗。 十月，英日簽訂親善條約。	

一八五五	二月，日俄簽訂親善條約。 十一月，幕府任命佐倉藩主堀田正睦為首席老中。	
一八五六	一月，日荷簽訂親善條約。 八月，美國駐日總領事哈里斯抵下田。	發生亞羅船事件。
一八五七	八月，老中阿部正弘去世。 十月，幕府允許哈里斯赴江戶。 十二月，哈里斯進江戶城謁見將軍。哈里斯向老中堀田正睦提出通商要求。針對美國的通商要求，幕府向各大名徵求意見。	英法軍陷廣州。
一八五八	一月，幕府代表井上清直、岩瀨忠震開始與哈里斯交涉通商條約。 三月，為獲通商條約敕許，堀田正睦前往京都。 五月，堀田正睦未獲天皇敕許通商條約失望離京。 六月，彥根藩主井伊直弼就任大老。 七月，美日簽訂通商條約。 八月，德川齊昭、松平慶永等人進城責備井伊直弼違敕簽約。幕府宣布立德川家茂為將軍繼嗣。幕府下令處罰德川齊昭、松平慶永等人。將軍德川家定去世。薩摩藩主島津齊彬去世。 十月，井伊直弼發動安政大獄。 十一月，德川家茂任將軍。 十二月，西鄉隆盛抱月照投海。	中俄訂璦琿條約。與英法美俄訂天津條約。康有為誕生。
一八五九	九月，幕府處罰德川齊昭、德川慶篤、德川慶喜及一橋派幕臣岩瀨忠震、水井尚志、川路聖謨等人。 十一月，幕府判橋本左內、吉田松陰等人死刑。	

一八六〇	二月，幕府派使節前往美國交換通商條約批准書。勝海舟、福澤諭吉等人也搭咸臨號赴美。 三月，大老井伊直弼被刺殺（櫻田門外之變）。 十月，天皇以毀棄通商條約、實行攘夷為條件，答應幕府讓和宮下嫁將軍。	英法軍入北京。清廷與英法俄訂北京條約。
一八六一	六月，長州藩士長井雅樂奉藩主之命令，向朝廷與幕府提出航海遠略策。 七月，水戶浪士襲擊位於江戶東禪寺的英國公使館。	慈禧聽政。
一八六二	二月，老中安藤信正遇刺負傷（坂下門外之變）。三月，將軍德川家茂與和宮結婚。 五月，島津久光與敕使大原重德赴江戶。 八月，幕府任命德川慶喜為將軍後見職，松平慶永為政事總裁職。 九月，生麥事件。 十一月朝廷派三條實美、姉小路公知為敕使前往江戶要求幕府攘夷。	陝甘回亂。
一八六三	一月，高杉晉作等人襲擊焚毀正在建設中的英國使館。 六月，將軍家茂答應天皇定六月二十五日為攘夷日。長州藩砲擊美艦（下關事件）。 七月，長州藩砲擊法艦、荷艦。美艦、法艦對長州藩砲台施以報復攻擊。 八月，薩英戰爭。 九月，八・一八政變，尊攘派被逐出京都。	

一八六四	二月，朝廷任命德川慶喜、松平容保、松平慶永、山內豐信、伊達宗城、島津久光為參預。 三月，參預會議瓦解。 七月，池田屋事件。 八月，禁門之變，長州藩士久坂玄瑞等人戰死。幕府下令二十一藩出兵討伐長州藩（第一次長州征討）。 九月，英、美、法、荷四國聯合艦隊攻打長州藩砲台。 十二月，長州藩向幕府屈服。	新疆回亂。太平天國滅亡。
一八六五	一月，高杉晉作舉兵，長州藩內戰。 四月，長州藩政權落入討幕派之手。 八月，西鄉隆盛答應坂本龍馬以薩摩藩的名義為長州藩進口武器。 十月，將軍覲見天皇，獲敕許再度征長州藩。	設立江南機器製造總局。
一八六六	三月，薩長同盟成立。 五月，幕府允許人民赴海外留學、貿易。 七月，第二次長州戰爭開戰。 八月，將軍德川家茂去世。征長軍撤兵。	孫文誕生。設福州船政局。
一八六七	一月，德川慶喜任將軍。孝明天皇去世。 二月，明治天皇繼位。福澤諭吉《西洋事情》初編出版。 七月，薩士盟約。 十月，山內豐信向幕府提出大政奉還建白書。 十一月，薩長二藩主獲討幕密敕。將軍德川慶喜向朝廷提出大政奉還上表。 十二月，坂本龍馬、中岡慎太郎被暗殺。	設金陵、天津機器局及福建船政學堂。

一八六八	一月，討幕派發動政變，朝廷宣布王政復古，命令德川慶喜辭官、納地。鳥羽・伏見戰爭。 二月，新政府宣布與外國親善。英、美、法、義、荷、普六國宣布局外中立。 三月，德川慶喜閉居上野寬永寺。 四月，明治天皇率領公卿、諸侯宣誓建國方針（五條誓文）。 五月，新政府接收江戶城，德川慶喜退隱水戶藩。 七月，新政府軍擊敗上野彰義隊。 九月，江戶改名東京。 十一月，會津藩降服。	福州船廳建造完成第一艘洋式輪船。
一八六九	二月，英、美、法、義、荷、普六國公使宣布解除局外中立。 三月，薩長土肥四藩主上奏請求奉還版籍。 四月，天皇遷都東京。 六月，蝦夷五稜郭開城，榎本武揚等人投降，內戰結束。 七月，天皇允許諸藩奉還版籍，廢除公卿、諸侯稱呼，改稱華族。 八月，各藩家臣改稱士族。 九月，蝦夷地改稱北海道。 十月，兵部大輔大村益次郎遭刺。	設立福建機器局。
一八七〇	三月，政府禁止華族女性染齒。 十月，政府允許平民使用姓氏。 十一月，中村正直出版《西國立志編》。	
一八七一	六月，允許平民騎馬。 八月，廢藩置縣。 十月，允許華族、士族、平民通婚。廢除穢多、非人稱呼，身分、職業與平民同。 十二月，岩倉遣歐使節團自橫濱港出發。	俄占伊犁。

一八七二	一月，准許華士族從事農、工商業。 三月，中村正直「自由之理」出版。福澤諭吉《勸學》初編出版。 九月，文部省頒布學制。 十月，東京新橋至橫濱鐵路開通（日本第一條鐵路）。 十二月，廢陰曆，改採陽曆。第一次派遣留學生三十名赴美。	曾國藩去世。
一八七三	五月，遣歐副使大久保利通歸國。 七月，遣歐副使木戶孝允歸國。發布地租改正條例。 八月，明六社成立。 九月，遣歐大使岩倉具視歸國。	梁啟超誕生。

國家圖書館出版品預行編目 (CIP) 資料

2 小時讀懂明治維新：十九世紀日本，翻轉國家命運的重生傳奇 / 呂理州著 . -- 二版 . -- 新北市 : 遠足文化 , 2019.12 -- (大河 ; 53)

ISBN 978-986-508-028-0 (平裝)

1. 明治維新　2. 日本史

731.272　　108013370

大河 53

2 小時讀懂明治維新

十九世紀日本，翻轉國家命運的重生傳奇

作者——呂理州
執行長——陳蕙慧
總編輯——郭昕詠
校對——陳佩伶
行銷企劃總監——傅士玲
行銷企劃經理——尹子麟
封面設計——任宥騰
排版——簡單瑛設

出版者——遠足文化事業股份有限公司（讀書共和國出版集團）
地址——231 新北市新店區民權路 108-2 號 9 樓
電話——(02)2218-1417
傳真——(02)2218-1142
電郵——service@bookrep.com.tw
郵撥帳號——19504465
客服專線——0800-221-029
網址——http://www.bookrep.com.tw
Facebook——https://www.facebook.com/WalkersCulturalNo.1/
法律顧問——華洋法律事務所 蘇文生律師
印製——呈靖彩藝有限公司

二版一刷 西元 2019 年 12 月
二版二刷 西元 2024 年 3 月
Printed in Taiwan